CHANSONS
ET
PASQUILLES LILLOISES

PAR

DESROUSSEAUX,

AVEC LA NOTATION D'AIRS ANCIENS ET NOUVEAUX.

3ᵉ Édition.

> Le bon Dieu me dit: Chante,
> Chante, pauvre petit!
> *Béranger.*

DEUXIÈME VOLUME.

LILLE,
CHEZ TOUS LES LIBRAIRES ET CHEZ L'AUTEUR, RUE BEAUHARNAIS, 48.
1869.

CHANSONS

ET

PASQUILLES LILLOISES.

CHANSONS
ET
PASQUILLES LILLOISES

PAR

DESROUSSEAUX,

AVEC LA NOTATION D'AIRS ANCIENS ET NOUVEAUX.

3ᵉ Édition.

Le bon Dieu me dit: Chante,
Chante, pauvre petit!
Béranger.

DEUXIÈME VOLUME.

LILLE,
CHEZ TOUS LES LIBRAIRES ET CHEZ L'AUTEUR, RUE BEAUHARNAIS, 45.
1869.

A MES CHANSONS.

PRÉFACE EN FORME DE ROMANCE.

Air nouveau de l'auteur.

(Noté. — N° 4.)

Enfants d'une folle musette
Qui, tout en riant, vous créa,
Puisque vous quittez ma chambrette,
Écoutez l'avis que voilà :
Voulez-vous gagner dans nos rues
Un peu de popularité?
Il faut que vous soyez pourvues
D'un passe-port signé : gaîté.

    Allez, chansons !
    Par vos joyeux sons
Portez l'espoir et l'allégresse ;
Soyez l'effroi de la tristesse,
    Et du bonheur
    L'ange précurseur.

Car la gaîté, c'est une fée
Dont la baguette peut toujours
Faire du chanteur un Orphée ;
Embellir les tendres amours ;
Chasser le démon de l'envie ;
Par le rire sécher des pleurs ;
Du rude sentier de la vie
Cacher les ronces sous des fleurs.

Allez, chansons !
Par vos joyeux sons
Portez l'espoir et l'allégresse ;
Soyez l'effroi de la tristesse,
Et du bonheur
L'ange précurseur.

Vous ne serez point publiées
Par les journaux de tous pays ;
Vous ne serez point reliées
En maroquin du plus haut prix ;
Vous n'irez point, avec Sénèque,
Remplir un illustre casier ..
Vous aurez pour bibliothèque,
La mémoire de l'ouvrier.

Allez, chansons !
Par vos joyeux sons

Portez l'espoir et l'allégresse ;
Soyez l'effroi de la tristesse,
Et du bonheur
L'ange précurseur.

Enfants ! votre lot n'est pas mince :
Adoucir le rude labeur
Des artisans d'une province,
Et les faire croire au bonheur,
C'est un bien heureux privilége
Qu'on ne peut obtenir souvent
Par des jours passés au collége,
Ou l'étude du vers savant.

Allez, chansons !
Par vos joyeux sons
Portez l'espoir et l'allégresse ;
Soyez l'effroi de la tristesse,
Et du bonheur
L'ange précurseur.

Si, parfois, sur votre passage,
Vous rencontrez de froids rhéteurs
Qui critiquent votre langage,
Votre gaîté même, et vos mœurs.

Ne vous alarmez point, mes belles :
Contentez-vous de vos succès,
Et laissez-les, par leurs nouvelles,
Nous endormir en bon français.

Allez, chansons !
Par vos joyeux sons
Portez l'espoir et l'allégresse ;
Soyez l'effroi de la tristesse,
Et du bonheur
L'ange précurseur.

LE JOUR DE L'AN.

Air du Vaudeville du Sorcier, ou C'est un Sorcier.

Puisque vous m' donnez *la parole*
Pour roucouler un p'tit couplet,
Sur eun' fiêt' qui m' paraît fort drôle,
J'vas vous déblouquer min cap'let.
In acoutant m' petite affaire,
J'in sus sûr, chacun d' vous rira,
  Et dira :
  « Ah ! qu' ch'est cha !
  Ch' cadet là
N'est point si sot qu'i veut bien l' faire,
On peut dir' qu'i connot l' trantran
  Du jour de l'an (4 *fois*)

On est incor à l' Saint-Sylveste,
Déjà tout l' monde est sans sus d'sous :
Un homm' s'in va dégager s'veste,
L'aut' vind l' sienn' pour avoir queq's sous...
On vot les femm's les moins propettes
Ouvrer d'action pour nettoyer,
  Répourer,
  Récurer,
  Et laver
L' cuive et l'étain, l' poêle et l's assiettes,
Meubles, planquers, tout l' bataclan !...
  V'là l' jour de l'an !

Avant que l' diable euch' mis ses bottes,
Tous les gins saut'nt in bas d' leus lits,
Les femm's fris'tent leus papillottes,
Les homm's indoss'tent leus habits,
Et, tout glorieux d' leus biell's toilettes,
I s'in vont tout in se r'vettiant,
  S' pourmirant,
  S'admirant,
  Comme un paon...
I march'tent drot comm' des baguettes,
On les croirot mi' au carcan...
  V'là jour de l'an !

Alors, chacun fait ses visites
A ses amis, à ses parints.

Ch'est là qu'on vot des hypocrites,
Tourner les plus biaux complimints.
Pour débiter leus biell's paroles,
I preinn'nt un p'tit air de bonté :
  « Bonne ainné',
  Bonn' santé
  Et gaîté !... »
Quand il' ont dit chés fariboles,
I les quitt'nt in les critiquant...
  V'là l' jour de l'an !

Pour les gins qui sont dans l' misère,
Ch'est eun' journé' d' désagrémint.
Chaque infant, l' velle, a r'chu de s' mère,
Eun' leçon pou' d'mander d' l'argint.
I s'y prind quasimint d' cheull' sorte :
« Mettez vos mains dans vos saclets,
  Vous verrez
  Chin qu' vous allez
  M' donner !... »
Et si l' somm' n'est poin' assez forte
L'infant s'in va tout in brayant !...
  V'là l' jour de l'au !

Moins d' vérités que d' mintiries,
Gramint d' promesse' et peu d'effets ;
Des sott's caress's, des plat's flatt'ries,
Un dard muché dins les souhaits.

Méfiez-vous bien, gins trop crédules,
D' raconter les s'crets d' vo' mason,
  Queq' luron
  Au jargon
  For' in r'nom,
Y trouv'ra bien des ridicules
Pour amuser l' premier passant.
  V'là l' jour de l'an !

Infin, v'là comm' finit cheull' fiête :
A forche d' parler, d'avaler
De l' bièr', du schnick et d' l'anisette,
Les pus crainn's finitt'nt pa s' soûler.
Alors on n' vot pus qu' des disputes,
A chaq' coin d' ru' des batillards,
  Des braillards,
  Des soûlards,
  Des gueusards,
Qui se r'pouss'nt et faitt'nt des culbutes..
La garde met fin à ch' boucan.
  V'là l' jour de l'an ! (4 *fois.*)

L' GARCHON D'HOPITA.

Air : Halte-là ! les Gardes-Royaux sont-là !

Heureux ch'ti, qui, d'eun' bonn' mère,
Peut boire l' lait du bonheur,
Mais d'êt' privé d'y fair' chère,
J' cros qu'i n'y-a point d' déshonneur !
Pauvre infant d'eun' mèr' marate,
On n' dot point rougir pour cha.
Aussi, brav'mint, mi, je m' flatte
D'ête un garchon d'hôpita.
    Tra la la ! *(Bis)*.
  Viv' les garchons d'hôpita !

Quand sur les bancs d'eune école,
J'usos mes fonds d' patalon,
J'attrapos pus d'eun' tarniolle
Pour n'avoir point su m' leçon. .
Mais comm' cha cangeot d' tournure

Au moumint d' mainger l' rata !...
J'étos l' pus savant, j' vous l' jure,
D' tous les garchons d'hôpita.
    Tra la la ! *(Bis)*.
   Viv' les garchons d'hôpita !

In n' me norichant point d' scieince,
J'ai v'nu fort, et, par un jour,
On m'a trouvé, sans qu' j'y pinse,
Biau comme un infant d' l'amour.
Aussi Mari', Ros', Prudence,
Lisette, Antoinette, Clara...
Gard'ront bien longtemps l' souv'nance,
Du biau garchon d'hôpita.
    Tra la la ! *(Bis)*.
   Viv' les garchons d'hôpita !

Pour servir le p'tit roi d' Rome,
On a d'mandé des soldats,
Tout p'tits d' tall', mais grands tout comme
Des géants, dins les combats.
« S'i s'agit d' donner des pilles
A des enn'mis, j' dis : Me v'là !... »
J'ai servi dins les pupilles,
In vrai garchon d'hôpita.
    Tra la la ! *(Bis)*.
   Viv' les garchons d'hôpita !

On sait qu' pour bien fair' la guerre,
I faut du cœur et d' l'action.
Pour mi dins l' première affaire,
J' batillos comme un démon.
Jugez, mes bonn's gins, de m' chance :
L'étoil' qu'on vot briller là,
A récompinsé l' vaillance
Du p'tit garchon d'hôpita !
  Tra la la ! *(Bis)*.
 Viv' les garchons d'hôpita !

Hélas ! par eun' fos, l' Victoire
A r'fusé ses biaux lauriers,
Au Français couvert de gloire ;
Au pus grand d' tous les guerriers.
De ch' triste jour, plein d'alarmes,
Min cœur toudis s' souviendra...
Il a fait couler les larmes
Du p'tit garchon d'hôpita.
  Tra la la ! *(Bis)*.
 Viv' les garchons d'hôpita.

Mais ch'est trop parler d' tristesse,
A Lill' j'ai r'trouvé l' bonheur ;
Ros' m'avot gardé s' tendresse,
Elle a su r'séduir' min cœur.

Nous avons vingt ans d' mariache,
Et, personne n' le croira,
N'y-a jamais d' broull' dins l' ménache
Du vieux garchon d'hôpita.
    Tra la la! *(Bis)*
  Viv' les garchons d'hôpita !

Si l'un d' vous vient m' fair' visite,
I s'ra bien r'chu, sans façon :
Ros' mettra su' l' fu s' marmite,
Pour cuire eun' tiêt' de mouton ;
A m'n habitud' s'i s' conforme,
Su' l' temps que l' café boûra,
I verra l' crox, l'uniforme
Du p'tit garchon d'hôpita.
    Tra la la ! *(Bis)*.
  Viv' les garchons d'hôpita !

LE PARRAINAGE

ou

LE BAPTÊME DU PETIT MARCHAND DE LAIT.

Air: On obtient tout de son Beau-Père, quand on s'y pren
si poliment.

Dimanche, l' marchand d' lait Christophe
Vient m' trouver et m' dit sans façon :
« D'un parrain vous avez l'étoffe,
Ainsi, faut l' l'ête à min garchon. »
J'allos dire à ch' vieux Nicodème,
Je n' veux point ! mais j' pinse in mi-même :
Pour eun' pièch' dix francs qu' cha m' coût'ra,
Peut-êt' que l' bon Dieu m' bénira ;
A ch'l infant si je donne l' baptême, ⎫
Sin pèr' dins min lait me l' rindra.   ⎬ *Bis.*

Aussitôt j' prinds l' bras d' min compère,
Et nous galopons qu'à s' mason.
In veyant les yeux de m' commère,
Je m' sins comm' querre in pamoison.
Min pauv' cœur, jusqu'à là, si crainne,
Est r'tourné comme eun' cauche de laine...
Ah çà ! qu' je m' dis : « Roi des lurons,
Si te n' fais point d's aut's réflexions,
Met tout t'n esprit sur eun' romaine,
I n' pés'ra point pus d' tros quart'rons. »

Malgré ch' bon consel que je m' donne,
Min cœur faijot *douq' douq'* pus fort.
J'avos l' visach', Dieu me l' pardonne,
Gai comme l' musiau d'un quien mort.
V'là qu' dins l' rue un grand brui' approche,
Chacun dit : « Partons, v'là l' caroche !..
Je m' laich' conduir' comme un bénêt,
Pa' m' commère et min marchand d' lait,
Tout in ruminant dins m' caboche :
« Vont-i point m' conduire à *Lomm'let !* (*)

Respirant l'air tout l' long de l' route,
J'ai fini par vir net et clair,
Que j' venos d' juer l' rôl' d'eun' croûte,

(*) Village des environs de Lille où il y a un asile d'aliénés.

Et qu'il étot temps d' canger d'air
Cessant d' faire une triste figure,
A l' marraine j' dis : « J' vous assure
Qu' vos biaux yeux m'ont bien fait souffrir... »
— « Ritin, faut point vous in r'pintir,
Car, quand l'amour fait queq' blessure
Il a de l'onguent pour le r'guérir. »

Cheull' parol' de m' petit' commère
A fait cesser tous mes tourmints.
« Quoi ! j' dis, comme un apothicaire,
L'amour donn' des médicamints ?
D'mandez-li pour mi queq's implates,
J' sus-t-amoureux d' vous comm' tros cattes !! »(*)
Infin m'n esprit sort' de s'n exil
Pus qu' jamais pétillant, subtil.
Dijant des farce' incor pus plates,
Nous intron' à l'État-Civil.

L'imployé, d'un air in colère,
Dit : « Quoich' que vous présintez-là ! » (**)
Un infant... li répond m' commère,
— Je l' sais, dit l'aut', ch'est poin' un q'va !... »

(*) Chattes.
(**) A cette époque la constatation des naissances ne se faisait pas encore domicile.

Su' ch' temps-là l' père l' déshabille,
L'imployé vot qu' ch'est poin' eun' fille...
— Queu nom qu' vous donné' à ch'l infant?
J' réponds : « *Fidèle, Amand, Constant,
Tintin, Tutur', Dodoph' Mimile...* »
— Halte! l' liv' n'est poin' assez grand!

In riant d' cheull' drôl' d'avinture,
A *Saint-Sauveur* nous arrivons.
On baptije l' petit Tuture,
On paie l' cairesse et nous partons...
In sortant, v'là l' pus biau d' l'histoire,
Chacun m' demandot des pour-boire.
A cheuss' qui criott'nt su' min q'min : (*)
« *Du chuc, Parrain! du chuc, Parrain!* »
J' dijos : « Si vous s' cassez l' mâchoire,
Cha n' s'ra point d' cha j'in sus certain. »

Dins les bras de s' petit' mémère
On a r' porté l' nouviau chrétien.
A table, ah! qu'on a fait bonne chère!
Nous avons lampé ferme et bien.
On a canté, cha va sans dire,
D'puis *Malbrouck* jusqu'à *Tirelire*...
In acoutant tout chin qu'a dit

(*).Chemin.

L' marrain', cheull' fillett' plein' d'esprit,
A chaq' minute on pouffot d' rire,
Et nous avons passé tout l' nuit.

Infin, in r'conduijant l' marraine,
J'ai fait m' petit' déclaration.
Ell' m'a dit : « R'venez dins l' huitaine,
Vous arez m' répons' pour tout d' bon... »
On a vu souvint des mariaches,
Fabriqués par des parainnaches.
J'espèr' qu'il in s'ra d' même ichi,
Et si m' commèr' veut m' dire : Awi !
Avant dix mos dins no' ménache,   ⎫
Nous f'ron' un parainnache aussi.   ⎬ *Bis*
                                     ⎭

LA CURIOSITÉ

ou

LES CÉLÉBRITÉS LILLOISES (*).

Air : A la foire à Saint-Cloud.

Rien n' me fait pus bisquer,
   Qu' d'intind' critiquer,
   Des Lillos, l' bonn' ville,
Par un tas d' voyageux
   Qui ditt'nt, chés minteux,
   Qu'ell' n'a rien d' curieux.
Aussi, j'ai invinté,
   Cheull' curiosité,
   Qui f'ra vir, qu'à Lille,
I n'y-a des drôl's de corps,
   Au moin' aussi forts,
   Qu'cheuss'-là du déhors.

(*) La *Curiosité* dont il est ici question est tout simplement une boîte renfermant les tableaux et portraits cités dans la chanson et que l'on exhibe à tour de rôle.

Vettiez, v'là les-z-*Hurlus*,
　　Honteu' et réus,
　　Qu' *Jeann'-Maillotte* éreinte (*);
On vot tous chés lurons,
　　D'vant ses cotillons,
　　Tourner les talons.
Les femmes d' nos pays,
　　Dins l's yeux d' chés baindits,
　　Jett'nt des poignies d' chintes....
Les Lilloiss's de nos jours,
　　Douch's comm' des amours,
　　N' fait'nt pus d' parels tours.

V'là *l' femm' de Brûl'-Mason*,
　　Qui sert du gambon
　　A s'n homm', sans moutarde,
Car, à chin qu'elle dijot,
　　Nul graissier n'n avot
　　L' grosseur d'un p'tit dogt.
Brûl'-Mason n' crot point cha,
　　I li dit : « Va, va,
　　» T' n'es qu'eun' grand' lozarde! »
Et, sans fair' pus d' façon,
　　I s'in va tout d' bon
　　In quère à Dijon.

(*) Voir notre chanson sur *Jeanne-Maillotte*, 3ᵉ volume.

Ichi ch'est *Grand-Queva* (*),
   Vieux soldat malva,
   Vettiez ch' pauv' Lazare,
Raclant su' sin violon,
   L'air d'un rigodon,
   Tros quarts d' heur' de ion !...
Au dir' des connaîcheux,
   Chin qu'i juot l' mieux,
   Ch'est l' *March' des Tartares*,
Là-d'sus, Martin, Colin,
   Nos rois du crin-crin,
   N' sont point pus malins.

Vettiez l' vieux père *Bolis* (**),
   Arrachant gratis,
   Un restant d' mâchoire....
Sin *singe* est tout près d' li,
   Qui donn' du plaisi,
   Et gratis aussi...
Ch'l arracheu d' dints r'nommé,
   Quand il a gaingné,
   D' quoi mainger, d' quoi boire,
Il n' pins' point si l' lind'main
   Il ara du pain....
   Ch'est un vrai Romain !!

(*) Voir notre vocabulaire au mot *Grand-Queva*, 4ᵉ volume.
(**) Voir la chanson intitulée : *Souvenirs du grand docteur Bolis*, 1ᵉʳ vol.

Ichi, ch'est *P'tit-Franços* (*),
    Qui nous amusot
    Avé s'n air cocasse,
Et qui dijot s' canchon,
    D'li de li be don !
    Imitant l' violon,
Quand il avot posé
    Su' sin front, plissé
    Comme eun viell' payasse,
Eun' gauf', qui, tout douch'mint,
    Allot su' ses dints,
    S' fair' croquer brav'mint.

V'là l' cav' des *Quat'-Martiaux* (**),
    Fabriq' de gatiaux
    Qu'on appell' couq'-baques !
Ch'est là qu' sans se ruiner,
    Mieux qu' chez l' pâtissier,
    On peut s' régaler.
On sint sin cœur craquer,
    Quand on vot griller

(*) Ce personnage était un tout petit homme dont la profession consistait à vendre des gaufres dans les cafés. Il s'était fait aimer par sa bonté. Quand on l'en priait, il montait sur une table et disait une vieille chanson lilloise dont le refrain *(D'li de li be don)* a été longtemps populaire ; si on insistait, il mangeait une gaufrette de la manière décrite dans notre couplet.

Le portrait que nous montrons avec la curiosité est une copie exacte de celui qui a si longtemps figuré dans un des panneaux de l'ancien café de la *Vignette*.

(**) Voir la chanson de *Quatre-Marteaux*, 4ᵉ volume.

L' démélach' su' l' plaque....
Mi, rien qu'in passant d'vant,
J' m'in vas tout r'niflant,
Et tout m' pourléquant!!!

Mais t'nez l' pus biau des biaux,
Ch'est ch' marchand d'ojeaux
Du nom d' *Quartelette* (*)*!*
Eun' canchon nous apprind,
Que c'h drôl' de quertien,
Aimot l'amus'mint;
Qu'à forch' de s' divertir,
I s'a fait morir
A boire eun' canette....
Mais l' canchon n' nous dit point,
Si ch'est d' bière u d' vin,
De schnick u d' brand'vin.

In v'là un fort connu!
Sin visach' joufflu
Dit qu'i mache eun' chique;
Signal (**), ch'est sin prénom,
Gross'-Chiq', sin sournom,
Dieu sait sin vrai nom!

(*) Voir notre vocabulaire au mot: *Quartelette*, 1° vo'ume

(**) Le portrait que nous possédons de ce personnage a été peint d'après nature par notre concitoyen et ami Emile Salomé.

La régie a perdu,
   Quand ch'l homme a moru,
   Eun' fameuss' pratique,
Car sin pus grand régal,
   A ch'l original,
   Ch'étot l' *Caporal* (*).

Ch'ti-chi ch'est *Voyageur*,
   Connu comm' facteur
   Des lett's d'amourettes ;
Rien qu'à vir sin bâton,
   Comme eun' perch' d'houblon,
   On r'connot ch' garchon.
On l' traitot de r'gérot.
   Pourtant, ch' malin-sot,
   ins l' main des fillettes,
. Glichot l' billet conv'nu,
   D'un galant cossu....
   Ni vu ni connu !

Mais j'oblios l'*Homm'-Bleu !*
   A Moùcron, ch' Monsieu,
   Va pour eune affaire.
Un gendarme butor,

(*) Nom populaire d'une sorte de tabac.

In criant bien fort,
Li d'mand' sin pass'-port.
L'Homme'-Bleu, quoique homm' d'esprit,
Aussitôt rougit
Et vient *bleu* d' colère,
Au gendarme dijant :
« *Je ne suis pourtant
Ni rouge ni blanc!!* (*) »

Tout finit par lasser,
J' m' in vas donc cesser
Cheull' revu' d' famille.
J'espèr' bien qu' vous trouv'rez,
Qu'in célébrités,
Nous somm's bien montés...
Eune aut' fos j' vous f'rai vir,
Pour vous divertir,
Les *Monumints d' Lille*.
Vous arez tant d' plaisi,
Qu' vous m' direz : Merci !
Tout comme aujord'hui.

(*) Historique.

LA NOUVELLE-AVENTURE (*).

Air nouveau de M. Ch. CHOULET (de Douai).

V'là bien longtemps qu'on fait courir
Un bruit qui met martiel in tiête.
I paraît qu'on veut démolir
L'*Avintur'*, cheull' fameuss' guinguette!...
Pour impêcher cheull' sotte action,
Brav's ouveriers, brav's ouverières,
Allons chez les propriétaires
Porter ch'l espèce d' pétition :
« Laichez-nous l' *Nouvielle-Avinture*,
U bien nous languirons, j' vous l' jure,
Dins les tourmints, dins les douleurs,
Comme un papillon privé d' fleurs. »

(*) Cette célèbre et magnifique guinguette a été démolie en 1861 pour l'établissement de la place qui porte son nom. On y a dansé pour la dernière fois le 13 mai, à l'occasion de la fête du Broquelet.

« Avant d'abatte ch' monumint
Que d' lon et d' près tout l' monde admire,
Acoutez, mes gin', un moumint,
Les queq's paroles qu' j'in viens dire :
Il a procuré pus d' plaisis,
D'heur's de bonheur et d'espérance,
Qu' tous les pus biaux palais d' la France
N'ont donné d' chagrin' et d'innuis. »
« Laichez-nous l' *Nouvielle-Avinture*,
U bien nous languirons, j' vous l' jure,
Dins les tourmints, dins les douleurs,
Comme un papillon privé d' fleurs. »

« Nos pèr's, mèr's, grands-pèr' et taïons (*)
Ont, comm' nous, dins les jours de fiêtes,
Dansé là bien des rigodons
A l'ombre d' tous chés biell's gloriettes.
Ch'est là qu'il' ont connu l'amour,
In s' juran' amitié, constance,
Et pus d'un d' nous dot l'existence
A l'existenc' de ch' biau séjour... »
« Laichez-nous l' *Nouvielle-Avinture*,
U bien nous languirons, j' vous l' jure,
Dins les tourmints, dins les douleurs,
Comme un papillon privé de fleurs. »

(*) Bisaïeuls.

« Si chés arbres, si chés bosquets,
Trouvott'nt un langach' pour vous dire
Tous les s'crets qu'on leu-z-a confiés,
Ah! vous n' vodrit's pus les détruire....
Pour nous, qui, fort souvint, allons
A leus pieds danser, rire et boire,
Nous d'vinons bien cheull' longue histoire
Par l'abrégé qu' nous connaîchons »
« Laichez-nous l' *Nouvielle-Avinture*,
U bien nous languirons, j' vous l' jure,
Dins les tourmints, dins les douleurs,
Comme un papillon privé d' fleurs. »

Si vous ne r'tirez point ch' projet,
On peut dire adieu pour la vie,
A l' *Sainte-Anne*, à l' fiêt' du *Broqu'let*,
Qui, déjà, sont à l'agonie.
Vous povez les ravigoter,
In faijant savoir dins l' gazette,
Qu'au lieu d' démolir cheull' guinguette,
On s'apprête à l' rafistoler »
« Laichez-nous l' *Nouvielle-Avinture*,
U bien, nous languirons, j' vous l' jure,
Dins les tourmints, dins les douleurs,
Comme un papillon privé de fleurs. »

L' FILLE A GROS-PHILIPPE

Air de la Fille à Jérôme

    Cré mill' noms d'eun' pipe,
    Amis, j' vous l' dis,
    L' fille à Gros-Philippe (*Bis*),
    Cré mill' noms d'eun pipe,
    Amis, j' vous l' dis,
    L' fille à Gros-Philippe,
    J' l'haïs, j' l'haïs.

D'puis l' temps que j' connos cheull' faijeuss' de tulle,
J'ai perdu l'esprit, je n' sais pus mainger,
Min corp' est réglé comme eun' viell' pindule
Qui va tous les mos dins l' main d' l'horloger.
    Cré mill', etc.

Cha n' m'étonn'rot point qu' cheull' fill' sot sorcière,
Elle a, par un r'gard, su m'insorceler.
Mi qu' j'étos r'nommé pour un buveu d' bière,
Quand j' bos six canett's, j' n' peux pu me broutter...
   Cré mill', etc.

On n' me f'ra point croir' pourtant qu'elle est bielle,
Elle a des yeux bleus, des ch'veux comme du jais,
Des dins comm' des perle', eun' tall' d'harondielle,
Des mains fort petite' et presque point d'pieds!...
   Cré mill', etc.

J' sais bien qu'on m' dira qu'elle est fort gracieusse,
Mais mi j' répondrai : « Cha dépind des goûts....
Parc' qu'ell' sait polker, qu'elle est bonne valseusse,
N' faut-i point pour cha se j'ter à ses g'noux ? »
   Cré mill', etc.

Elle est ambitieusse, et n' pins' qu'à s' toilette,
Ell' porte l' dimanche eun' pair' de gants blancs,
Un écourcheu d' soie, eun' baie d' cotonnette,
Des sorlets chirés, mêm' les jour' ouvrants.
   Cré mill', etc.

Eun' fos j'ai volu m'in aller li dire :
« Allez, j' vous déteste comme l' démon !

Mais cheull' vrai' diablesse a, par un sourire,
Cloé vite m' langue au fond de s' mason.
>	Cré mill', etc.

Infin l'auter jour, i m'a pris l'invie
D'aller consulter un savant méd'cin.
I m'a dit : « Garchon, j' cros que t' maladie
Ch'est pur'mint d' l'amour... » In v'là un malin !!!..

>	Cré mill' noms d'eun' pipe,
>	Amis, j' vous l' dis,
>	L' fille à Gros-Philippe (*Bis*),
>	Cré mill' noms d'eun' pipe,
>	Amis, j' vous l' dis,
>	L' fille à Gros-Philippe,
>	J' l'haïs, j' l'haïs !

L' GARCHON GIROTTE

A LA SOIRÉE DE M. DE LINSKI.

Air : Ah! dis-moi, mon frère Jean-Pierre (Debraux).

L' Garchon Girotte, grand amateur de spectacles en tous genres, possède une tendre épouse qui lui fait la guerre chaque fois qu'il se permet de satisfaire son penchant sans elle. Comme il vient d'assister à la séance prodigieuse du sieur DE LINSKI et qu'il veut parer les *coups de bonniquet* que sa chère moitié lui réserve, il l'affronte en criant à tue-tête :

> Ah! mon Dieu! qu' j'ai ri,
> P'tite Harmance,
> A l' séance (*)
> D' monsieu LINSKI !   } *Bis.*

Allons quitte t'n air in colère,
Et tes grimaces d' vieux soldat,
J' vas t' conter m'n affaire, et j'espère
Qu'i n'y-a point d'quoi fouetter un cat.

(*) Cette séance mémorable a eu lieu en 1852, dans la salle de *l'Association Musicale*, rue Esquermoise.

Tantôt, j' pass' dins l' rue d'Ecrémoisse,
Un homm' couvert d'un choite habit,
L' col plein d'impoisse,
S'arrêt', me r'toisse,
Infin, i m' dit :

Dites doncq, l'ami! voulez-vous délivrer des conter-marques à la séance de M'sieur Linski père et fils? n'y a quinze sous à gagner-z-et une canette à boire — Tope ! que j'y dis, j' vas passer eun' bonn' soirée et impocher d' quoi payer des couq'-baques à m' femme pour l'impêcher d' crier. Queulle chance !!

Ah ! mon Dieu ! qu' j'ai ri,
P'tite Harmance,
A l' séance
D' monsieu Linski !

Quand tout l' monde a eu rimpli l' salle,
Je m' dis : « V'là l' moumint d' m'amuser.
Sur eun' banquette bourré' j' m'installe.
L'escamoteu qu'minch' sin métier....
I d'mande l' capiau d'un jeune homme,
Qui l' donn' sans faire ni eun' ni deux.
I l' pétrit comme
Un morciau d'gomme,
Et dit : « Monsieur,

*Voutt' feute il est bien lourd pour un chapeau d' soie ..
Qu'est-ce que j' vois ! Queument M'sieu, vous allez en soirée-
z-avec des boulets d' 48 sur la boule !... voulicz-vous doncq*

assiéger mon théâtre ?... In dijant cha, i fait sortir du capiau eun' demi-douzaine de boulets d' gros calibre, comm' cheuss' que les Autrichiens nous ont laichés pour nous souv'nir du bombardement d' Lille !....

    Ah ! mon Dieu ! qu' j'ai ri,
      P'tite Harmance,
      A l' séance
    D' monsieu LINSKI !

I continu' ses tours d'adresse,
Intre autes l' FOULARD PRODUCTEUR.....
De s' petit' menotte, eun' jeunesse,
Li donne un foulard de couleur......
In débitant des gross's malices,
Ouvre ch' moucho dins tous les sins.
    Point d'artifices,
    Si ch' n'est qu' des prisses,
    I n'y-a rien d'dins....

On crot cha du moins, mai' au mêm' moumint on in vot sortir un pleumet... ch'est drôle ! I n'in fait v'nir deux autes... on applaudit comm' te l' pinses bien, alors i les fait v'nir par douzaine... on n' les compte pus... Mais mi, je m' dijo' in mi-même : « Si j' povos les porter à m' femme, elle me f'ro un fameux lit d' pleume pour nous dormir douillett'mint... » J'ai poin' eu cheull' chance, mais ch'est égal...

    Ah ! mon Dieu ! qu' j'ai ri,
      P'tite Harmance,
      A l'séance
    D' monsieu LINSKI !

Tout d'un cop, on vot su' l' théâte,
In s' dandinant, monter l'*Homm'-Bleu*.
Dins tout l' sall' cheull' parole éclate :
« Ch'est li ! ch'est bien li, satibleu !!... »
Au public i fait s' révérence
Et vient rouch' comme un n' tiêt' d'homard,
   I dit : Silence !...
   Lit, sans méfiance,
   Un babillard.....

I tousse, ressue sin front avec sin moucho bleu, et dit chés paroles :

« Vous voyez l'Homme-Bleu dans toute sa splendeur,
Cet homme que ce soir (soit dit sans gasconnade),
  Le plus habile escamoteur
Doit faire disparaître ainsi qu'une muscade.
De plus, ses vêtements changeront de couleur !...
Vraiment, Messieurs, j'admire avec bonheur
L'intérêt, qu'en ces lieux, inspire ma présence.
  Ah ! de cette insigne faveur
Je garderai toujours la douce souvenance. »

Hein ! comme ch'est tapé ! *Brûl'-Mason* et *Jolibois* (*) n'ont jamais rien fait d' parel !...

   Ah ! mon Dieu ! qu' j'ai ri,
    P'tite Harmance,
    A l' séance
   D' monsieu LINSKI.

(*) Anciens auteurs et marchands de chansons.

Ch'est l'*tour* de monsieur Linski père,
I jue à carte' et tout le mond' perd ;
I nous fait vir eun' vieill' caf'tière,
Qui vient de l' mèr' du P'tit-Albert ;
I moute eun' Boutelle Infernale,
Plein' d'iau, d'chuc baptême et d' bon vin,
  Il in régale
  Un garchonnale,
  Et n' m'in donn' point.....

Cha m' fait bisquer, mais j' li rinds tout m'n estime in li veyant faire l' tour de l' Poule de Padoue... Tiens, v'là chin qu' ch'est : Il a un sa grand comme la mitan de t'n écourcheu. On met s' main d'dins, on n' trouve rien... « *Eh ben !* qu'i dit, *j' vas vous donner la manière d'y trouver queq' choss'*... *Tenez, Mad'- moiselle, mettez voutt' mains dans l' sac et dites :* Coco !...» Coco, dit cheull' Mamzelle... elle trouvé un œué d' Pâques !.... tout l' monde crie mirac ! Elle r'met s' main dins l' sa et rapporte des *cocodacs*. Ah ! mais ch' tour-là, min comarade, te n' l'impor- t'ras poin' in paradis sans m' l'avoir appris, et quand j' sarai tin s'cret, j'irai m'établir au marqué d' *Louche* pour faire concurrence tous les marchands d'œués du villache. Queull' chance ! !

  Ah ! mon Dieu ! qu' j'ai ri,
   P'tite Harmance,
   A l' séance
   D' monsieu Linski !

Tout chin que j' croyo' impossible,
J' l'ai vu là tou' allant tout v'nant.
Après l'Vol incompréhinsible,
Il a fait l'Patissier Galant,
Fort galant te l'diras ti-même :
I donn' des gatiau' et des fleurs.

I sait qu'eun' femme,
Aime à l'estrême,
Les p'tit's doucheurs....

I nous a donné des cricris, des turlututus et des trompettes de ducasse, chin qu'i fait qu' quand l'*Homm'-Bleu* est arrivé pour nous lire sin testamint, nous li avons jué un' fameuse aubade. Il a eu l'air fort satisfait, nous a r'merciés du geste et a qu'minché s' lecture :

« Mesdames et Messieurs,

« En acceptant la proposition du célèbre prestidigitateur de Linski, j'ai eu deux idées : la première, me suis-je dit, rentre dans mon plan philanthropique. Il est certain que la caisse de M. de Linski ne s'en portera pas plus mal... Vous m'avez compris ? Passons à la seconde idée :

» J'ai saisi cette belle et solennelle occasion, pour vous dire de vive voix deux mots publiquement d'une petite partie de mes dispositions testamentaires. Les voici officiellement:

» Après mon d. c., les docteurs Lesty, Boudois et confrères, seront chargés de m'embaumer, système Gannal, et mieux, s'il est possible ; mais il y a encore un certain laps de temps pour cela ; combien ? 28 ans.

» J'ai 72 ans, 6 mois, et 28 font 100 ans tout juste.

» J'ai un avantage sur bien des personnes. Un de mes amis, Schah, ou roi-président du royaume de Perse, à qui j'ai rendu un grand service, m'a fait demander ce que je désirais pour mon *remerciement;* ma pensée m'a conduit à le prier de m'assurer la vie pour 28 ans, afin d'en avoir cent révolus. Comment cela se fera-t-il ? vous le saurez tout à l'heure... Étant arrivé à mon terme, j'espère obtenir la bagatelle de 4 p. 100 ; mais avant d'avoir atteint cet intérêt bien entendu, je fais venir mon ami Hurtrel, et je lui dis: « Allons, mon cher, refais mon portrait pour la quatrième fois ! » Voilà ce que vous verrez après mon d. c.; c'est-à-dire, quand je serai mort, ou comme disent les poètes: *Quand je ne serai plus.*
— In intendant cheull' faribole, tout *l' monde ri' à s' tenir les côtes.* — Silence ! dit l'*Homme-Bleu*, i continue:

» Je suis donc d. c. d., complètement embaumé à l'extraordinaire dans une bière à roulettes, car il est bon de vous dire que je veux être roulé dans l'autre monde aussi bien que dans celui-ci. Nous arrivons à l'hôtel des Bleuets. Là, mes respectables exécuteurs testamentaires auront fait préparer une niche ou chapelle... Non, décidément j'aime mieux une niche ornée de bleu, ça me convient mieux. — (Une voix): *Eh ben! nous, nous n' les aimons point les niches! et vous volez nous in juer eune.* — (Autre voix): *« Allons! qu'on l' l'escamote bien vite et qu' cha soich' fini!..»* L'*Homme-Bleu* les r'vête d'un air de mépris et continue, mais si bas, si bas, qu'excepté mi, personne n' l'a intindu.

» Aussitôt que je serai dans ma niche, les journaux sonneront de la trompette pour annoncer leur jugement dernier sur mon compte. Ils diront : « Venez, petits et grands ! venez voir pour la simple bagatelle de 25 centimes, au profit des Bleuets présents et à venir, l'*Homme-Bleu* embaumé, calme et inodore, » car s'il en était autrement, mes embaumeurs ayant fourni de la mauvaise marchandise ne recevraient pas un sou, et mes amis leur diraient en face :

» Les docteurs ne sont pas ce qu'un vain peuple pense,
» Notre crédulité fait toute leur science!...

» Je n'irai pas plus loin en ce moment, mon testament imprimé vous apprendra ce qu'il me reste à dire sur ce triste sujet. Mais avant de me retirer, je tiens à vous confier un secret que je vous prie de dévoiler le plus tôt et le plus souvent possible. Le voici :

» Tout le monde me croit totalement marchand de bleu d'outremer... Erreur, Mesdames et Messieurs, je suis en même temps possesseur d'une eau de *longue-vie*, inventée par un de mes camarades de collége, l'illustrissime Cagliostro! Finalement, les personnes ici présentes qui veulent me faire l'amitié de vivre assez longtemps pour me voir exposé la face au soleil, recevront *gratis* en mon domicile connu, un flacon de cette eau merveilleuse, brevetée, sans garantie du gouvernement. »

Ah ! mon Dieu ! qu' j'ai ri,
P'tite Harmance,
A l' séance
D' monsieu Linski!

Malgré qu' cheull' lecture, i faut l' dire,
Etot gaie comm' un intierr'mint,
Nous avons tertous pouffé d' rire,
Ch'est l' sort de pus d'un testamint. ...
Infin l'*Homm'-Bleu*, l'incomparable,
D'avoir fini, fort satisfait,
    D'un air aimable
    Mont' sur eun' table,
    Et disparaît !.....

Malgré les cris : l'*Homme-Bleu !* l'*Homme-Bleu !* on ne l'a pus r'vu ! Alors les riaches ont cessé, car on l' l'aime bien, dà, ch' vieux brave homme. On s' demandot, si, par malheur, Linski n' l'avot point pour tout d' bon invoyé dins l' barque à Caron. Mais mi, comme j' faijos partie de l' boutique, j'ai monté su' l' théâte uche que j' l'ai vu rire comme un bochu de s' drôle de parade ; cha m'a r'mis min cœur à s' plache et j'ai raccouru tout min pus vite, pou' t' raconter min plaisi.

    Ah ! mon Dieu ! qu' j'ai ri,
      P'tite Harmance,
      A l' séance
    D' monsieu Linski !

Fin.

Ayant vu cette chanson, assez drôlette du reste, et faite évidemment dans le but de me plaire ou de m'être agréable, totalement pour me faire plaisir, j'ai cru devoir l'honorer de mon sceau.

                        J.^{h} CASTEL, L'Homme-Bleu.

A propos, j'offre 25,000 fr. à celui qui prouvera que mon eau-de-vie de Cagliostro ne fait pas croître et embellir la vie... Vous m'avez compris ? suffit.

                        J.^{h} CASTEL, L'Homme-Bleu.

L' MOLIN DUHAMEL.

Air: Chansonnier, mes confrères (Collé.)

Amis! volez-vous me croire,
In intindant qu'on apporte à boire,
J'vas vous conter l'histoire
Du molin Duhamel (*)
Et d' sin vieux parapel.
Eun' nuit, v'là que l'tocsin
Nous apprind que ch' molin,
Comme un vrai sauret grille....
Pour porter s'cours, on s' lève, on s'habille,
Hélas! bétot dins Lille
On n'intind pus qu'un cri :
« Il est cui' et rousti ! »

(*) Ce moulin était situé sur le rempart, derrière l'ancienne porte de Fives.

Autour de ch' grand mont d' chintes,
Les grands, l's infans poussot'tent des plaintes ;
Au bout d' tous leus complaintes,
I répétott'nt in cœur :
« Queu malheur ! queu malheur !!.. »
Et chacun d' chés soupirs,
Rappélot des souv'nirs ...
Biaux souv'nirs de l' jeunesse,
Qu'avec plaisi on vant' dins l' vieillesse....
Chés histoir's de tendresse,
Quand vous les intindrez,
Vous rirez, vous rirez.

D'abord, eun' pauver vielle,
Nous dit : « M's infans, ch' pauv' molin m'rappelle
Qu'un jour, eun' sentinelle,
Tout in faijant s' faction
M'a fait s' déclaration.
J'étos fièr', mais ch' vainqueur,
A rassoupli min cœur,
Comme eun' viell' pair' de guêtes....
In cantinièr', au son des trompettes,
Partageant ses conquêtes,
J' l'ai sui jusqu'à Moscou,
Uch' qu'on li-a cassé l'cou.

Dins l' temps, dit l' pèr' Laplante,
Dins ch' vieux molin, n'-y-avo' eun' servante

Fort bielle et bien av'nante,
Je n' povos point m' lasser,
De l' vettier, de l' vettier.
Par eun' fos ch' biau tendron,
Vient m' demander l' raison,
Qui fait qu' toudis j' le r'vette....
J' pins' de l' flatter, j' li dis : « Biell' Zabette,
J' vous aim' tant qu' j'in d'viens biête... »
Ell' me répond : « Bénet,
Ch'est d'jà fait, ch'est d'jà fait. »

Sans trop m'mette in colère,
Zabett' que j' dis, vous êt's donc bien fière,
J' f'ros pourtant vo-n-affaire,
Un ouvérier filtier
Ch'est point du p'tit papier.
Veux-tu t' tair', qu'ell' me dit,
Pou prinde un homm' comm'ti
Faudrot qui n'n euch' pus d's autes.
T'as l' nez camard, des yeux comm' des p'lotes,
Faut' de boutons d'capotes,
Tes dints porott'nt servir,
Sans mintir, sans mintir.

D'vir qu'ell' me dévisache
Je n' me tiens pus, et j' li dis, dins m'rache :
« Va, va, t'es-t-eun' ganache!... »
Ell' crie : « A l'assazin,

Au voleur, au coquin!... »
Un homm' sort' du molin,
Avec un gros gourdin.
Un boul'-dogue est à s'suite.
V'là l' quien, Zabette et ch'l' homme à m' poursuite,
Heureus'mint, j' couros vite,
Et j'ai r'gaingné m'màson,
Courant comme un dragon !

Infin, ch'est triste à dire,
Mais chés histoire' ont fait brair' de rire,
Cheuss' qui v'nott'nt de prédire
Qu' de l' perte de ch' molin
Tout Lill' s'rot dins l' chagrin.
Hélas! ch'est bien là l' sort
Qu'on réserve à chaq' mort :
Vous verrez pus d'eun' femme,
Qui, perdant s'n homm', dira : J' veux mi-même
Morir, tell'mint que j' l' aime.....
Et puis, l' semain' d'après,
Ell' vodrot se r'marier.

HISTOIRE AMOUREUSE ET GUERRIÈRE

D'UN TAMBOUR.

Air de la Dragonne de Friedland. (E. Debraux.)

Un jour, lassé d' fair' des babennes,
Et désirant vir du pays,
A min père j' racont' mes peines.
I m' dit : « Garchon ! j' sus de t'n avis.
Pour passer joyeus'mint t' jeunesse,
Tiens, j' m'in vas t' donner un bon plan :
Plan ran plan, plan ran plan!
Va fair' la guerre avec eun' caisse, } *Bis.*
Plan ra ta plan, tambour battant!

J' vas m'ingager, mais m' biell' maîtresse
Veut m' fair' canger d' résolution.

J' li dis : « Fill' ! tes marques d' tendresse
M' faitt'nt l'effet d'eun' vrai' p'lur' d'ongnon !...
Il est trop tard, mais prinds corache,
Un jour je r'viendrai triomphant,
    Plan ran plan, plan ran plan !
A t' mèr' te d'mander in mariache,
Plan ra ta plan, tambour battant !

Sermint d'amour, ch'est eun' bêtisse,
Et surtout dins l' métier d' soldat.
J' n'étos point d' huit jour' au service,
Qu' déjà j'avos cassé l' contrat...
Quand j'ai vu l' cantinièr' Niclette,
M'offrir ses goutte' in m'agaçant,
    Plan ran plan, plan ran plan !
Min cœur a fait comme eun' baguette :
Plan ra ta plan, tambour battant !

Un homm', pour cheull' biell' cantinière
Ch'est comm' pour un infant s' catou :
L' jour qu'on li donne elle est tout' fière,
Mais l' lind'main ell' li casse l' cou...
Niclette aïant cangé d' caprice,
M'a quitté pour un adjudant,
    Plan ran plan, plan ran plan !
Et fait mette à l' sall' de police,
Plan ra ta plan, tambour battant !

Ah! flll' sans cœur! ah! sott' Niclette!
Pour l'adjudant quitter l' tambour!
Te n' savos point, méchant' serpette,
Qu' ch'étot fair' affron' à l'amour!!
Mi, sans m' fair' de mélancolie,
J' m'ai r'vingé d'sus l' femm' d'un sergent,
  Plan ran plan, plan ran plan!
Point si grippett', mais pus jolie...
Plan ra ta plan, tambour battant!

Vous croirez qu' cheull' double avinture,
Dins l' régimin' a fait du bruit.
Tout un chacun vantot m' tournure,
Min savoir et jusqu'à m'n esprit.
Queull' raison! pour plaire à s' maîtresse,
On n'a pas b'soin d'êt' si savant.
  Plan ran plan, plan ran plan!
I n' faut qu' savoir, avec adresse :
Plan ra ta plan, tambour battant!

J'ai fait la guerr' cont' les Kabyles
In vrai guerrier, in vrai luron;
Quand j' rincontros l'eun' de leus filles,
Vite j' faijos m' déclaration...
Vettiez pourtant queulle injustice,
J' n'ai point même un p'tit bout d' ruban,

Plan ran plan, plan ran plan !
Pour récompinser min service.
Plan ra ta plan, tambour battant !

Pus tard, quand j'ai r'venu dins Lille,
J' m'ai souv'nu d' mes premièr's amours ;
J'ai r'trouvé cheull' malheureus' fille.
Ah ! qu'elle avot fait des biaux tours !
Mariée et grosse d' sin sixième,
Laide à faire peur, sans doup's vaillant.
Plan ran plan, plan ran plan !
Cha prouv' qu'elle a fait comm' mi-même :
Plan ra ta plan, tambour battant !

UNE AVENTURE DU CARNAVAL.

Air allemand : *Heraus, heraus, die Klingen*

Puisque vous volez rire,
Acoutez, j' vas vous dire
L' tour que m' femm' m'a jué,
Au carneval passé.
Vous m' trait'rez d' Nicodème...
Hélas! avec eun' femme,
Des diables, l' pus malin,
Y perdrot sin latin.
    Tralla la la la la la,
    Tralla la la la la la.

Pour mi faire eun' bamboche,
Avec dix francs dins m' poche,
Déguisé in pierrot,
J'arrive au CASINO (*).
J'aime m' bonn' femm' Christine,
Mais v'là : Comme in cuisine,

*) Guinguette située à Wazemmes.

Lasse d' mier du bouli,
On désir' du rôti.
   Tralla la la, etc.

Pour faire eun' conter-danse,
Sans pus d' façon, je m' lance
D'mander cheull' qu'à mes yeux,
Pou' l' tournure étot l' mieux.
Elle accepte, et d' l'orchesse, (*)
L' violon, l' piston, l' gross' caisse,
Nous faittent fair' des sauts
Comm' des vrais sauteriaux !
   Tralla la la, etc.

Après l' danse, à m' princesse,
In guisse d' politesse,
J'offre un verr' de ligueur,
Pour fair' passer s' sueur.
Et puis j' li dis : « Biau masque !
Min cœur, dur comme un casque,
Est v'nu, d'puis que j' t'ai vu,
Mol comm' du burr' fondu !... »
   Tralla la la, etc.

« Chin qui veut dir', fillette,
Qu' t'as déjà tourné m' tiête,
Et qu' te peux, d'un seul mot

(*) Pronencez, *Orquesse.*

M' fair' dev'nir tros fos sot...
Mais te n' s'ras point cruelle :
Quand on est tendre et bielle,
I faut, suivant l' besoin,
Soulager sin prochain. »
    Tralla la la, etc.

« Pierrot, m' répond m' princesse,
J' cros qu'i n'y-a rien qui presse ,
I n' faut mett' su' sin dogt ,
Que d' l'hierbe qu'on connot...
Pourtant, j' veux bien vous l' dire,
Déjà min cœur soupire,
Et, pour vous, biau mahou,
Brûl' comme d' l'amadou!....
    Tralla la la, etc.

Eh ben! que j' li réplique,
Aussitôt l'vons boutique, (*)
Faut point r'mette au lind'main
L' bonheur qu'on a dins s' main.
In tout faut de l' prudence,
Laichons là, valse et danse ;
Sans piston ni tambour
Nous f'rons bien mieux l'amour !
    Tralla la la, etc.

(*) *Levons boutique*, c'est-à-dire levons le camp, partons.

In route avec cheull' femme,
Je m' dijo' in mi-même :
« Si Christin' nous veyot,
Mon Dieu quoich' qu'ell' dirot !..
Elle arrach'rot, je l' jure,
De m' princesse l' figure...
Mais bah ! n' parlons point d' cha,
Ch' qu'on n' sait point n' fait point d' ma. »
 Tralla la la, etc.

Infin, d' fil in aiwille,
Nous arrivons dins Lille.
Là, m' biell' princesse m' dit :
« J' reste au bout du RÉDUIT.
A m' mason v'nez sans crainte,
Vous n'intindrez point d' plainte,
Car, d'un galant comm' vous,
M'n homme n' s'ra point jaloux !... »
 Tralla la la, etc.

A cheull' dernièr' parole,
Tout min plaisi s'invole,
Et j' démasque aussitôt
M' princess', qui m' dit : « Pierrot,
Imbrasse t' femme qui t'aime,
Et rapins'-te in ti-même,
Qu'on n'est jamais mieux mis
Qu'avec ses vieux habits ! »
 Tralla la la la la la la,
 Tralla la la la la la.

L' MARCHAND D' MACARONS.

Air : Il était un p'tit homme.

(Noté dans le 3ᵉ volume.)

J' vas raconter l'histoire
Du marchand d' macarons
    Desguignons :
I s'a couvert de gloire
Par tout chin qu'il a dit,
    Ch'l homm' d'esprit.
Ah ! quand vous sarez
Les tours qu'il a faits,
Avec mi vous direz :
« Queu bon garchon *(bis)*
Que ch' marchand d' macarons ! »

Comme i n'avot point d' père,
Souvint pus d'un chochon,
  Gai luron,
Li parlot de ch' mystère....
Mais li, sans disputer,
  Sans bisquer,
I dijot : « M'n ami
J' parie avec ti
Qu' te n'n as poin' autant qu' mi !
  Queu bon garchon, etc.

Volant s' mette in ménache,
I rincont' dins l' ru' d' Puds,
  L' fille de Chos ;
I l' demande in mariache.
Ell' répond : « J' vodros bien,
  Mais j' n'ai rien !....
— « Si ch' n'est qu' cha, marions,
M' boîte à macarons
Rapport' des picaïons !... »
  Queu bon garchon, etc.

Un jour, rintrant d' l'ouvrache,
I trouve s' femme avec
  Un blanc biec !...
I s' met tout d' suite in rache,

Il impoinn' l'amoureux
　　　Pa' les ch'veux,
I l' traite d' flandrin,
Et dit, r'tirant s' main :
« Bah ! ch' étot min destin !... »
　　　Queu bon garchon, etc.

In vindant s' marchandisse,
Alfos, des riboteux,
　　　Des farceux,
Pinsant faire eun' malice,
Muchott'nt dins l' cabaret
　　　Sin bonnet.
Mais sin quien, malin,
Flairant dins chaq' coin,
Li rapportot dins s' main.
　　　Queu bon garchon, etc.

Par eun' fo' un mariache
Danso' au *Vert-Galant*, (*)
　　　Mais l' mariant
Allot rester in gache,
Pasqu'i manquot d'argint.
　　　Heureus'mint,

(*) Enseigne d'un cabaret de la rue Saint-Sauveur.

Ch' brave homme arrivant
Leu cri' : « *V'là l' marchand !*
Et s' boît' pour répondant. »
    Queu bon garchon, etc.

N'y-ara six mo' à m' fiête,
Qu'i n'a pus b'soin de rien
Ch' pauv' quertien.
Les bonn's gins de l' Plachette
Et cheusse d' Saint-Sauveur,
    In ameur,
Le m'nant chez *Coulou*,
A s' bonn' intintion,
Dijottent ch'l oraison :
« Queu bon garchon *(bis)*
Que ch' marchand d' macarons ! »

L' CANCHON-DORMOIRE.

Air imitatif par l'auteur des paroles.

(Noté. — N° 5.)

« Dors min p'tit quinquin,
  Min p'tit pouchin,
  Min gros rojin ;
Te m' f'ras du chagrin,
Si te n' dors point qu'à d'main. »

« Ainsi l'aut' jour eun' pauv' dintellière,
In amiclotant sin p'tit garchon
Qui, d'puis tros quarts d'heure, n' faijot qu' braire,
Tachot d' l'indormir par eun' canchon.
  Ell' li dijot: « Min Narcisse,
  D'main t'aras du pain n'épice,
    Du chuc à gogo,
  Si t'es sache, et qu' te fais dodo. »

« Dors min p'tit quinquin,
   Min p'tit pouchin,
   Min gros rojin ;
  Te m' f'ras du chagrin
  Si te n' dors point qu'à d'main. »

« Et si te m' laich' faire eun' bonn' semaine,
J'irai dégager tin biau sarrau,
Tin patalon d' drap, tin giliet d' laine....
Comme un p'tit milord te s'ras farau !
   J' t'acat'rai, l' jour de l' ducasse,
   Un porichinell' cocasse,
      Un turlututu,
   Pour juer l'air du *Capiau-pointu*.

« Dors min p'tit quinquin,
   Min p'tit pouchin,
   Min gros rojin ;
  Te m' f'ras du chagrin,
  Si te n' dors point qu'à d'main. »

« Nous irons dins l' cour Jeannette-à-Vaques,
Vir les marionnett's. Comm' te riras,
Quand t'intindras dire : « *Un doup' pou Jacques !* » (*)
Pa' l' porichinell' qui parl' magas !...

(*) Voir notre vocabulaire au mot *Jacques*. — 4ᵉ volume.

Te li mettras dins s' menotte,
Au lieu d' doupe, un rond d' carotte!
　　I t' dira : *Merci!*...
Pins' comm' nous arons du plaisi! »

　　　« Dors min p'tit quinquin,
　　　　Min p'tit pouchin,
　　　　Min gros rojin ;
　　　Te m' f'ras du chagrin
　　　Si te n' dors point qu'à d'main. »

« Et si par hasard sin maître s' fâche,
Ch'est alors Narciss' que nous rirons !
Sans n'n avoir invi', j' prindrai m'n air mache,
J' li dirai sin nom et ses sournoms,
　　J' li dirai des fariboles,
　　I m'in répondra des drôles,
　　　Infin, un chacun
Verra deux pestac' au lieu d'un... »

　　　« Dors min p'tit quinquin,
　　　　Min p'tit pouchin,
　　　　Min gros rojin ;
　　　Te m' f'ras du chagrin
　　　Si te n' dors point qu'à demain. »

« Allons serr' tes yeux, dors min bonhomme,
J' vas dire eun' prière à P'tit-Jésus,

Pour qu'i vienne ichi pindant tin somme,
T' fair' rêver qu' j'ai les mains plein's d'écus,
  Pour qu'i t'apporte eun' coquille,
  Avec du chirop qui guile
    Tout l' long d' tin minton...
Te pourléqu'ras tros heur's de long! »

    « Dors min p'tit quinquin,
      Min p'tit pouchin,
      Min gros rojin ;
    Te m' f'ras du chagrin
    Si te n' dors point qu'à demain. »

« L' mos qui vient, d' *Saint-Nicolas* ch'est l' fiête,
Pour sûr, au soir, i viendra t' trouver.
I t' f'ra un sermon, et t' l'aich'ra mette
In d'zous du balot, un grand painnier.
  I l' rimplira, si t'es sache,
  D' séquois qui t' rindront bénache,
    Sans cha, sin baudet
T'invoira un grand martinet.

    « Dors min p'tit quinquin,
      Min p'tit pouchin,
      Min gros rojin ;
    Te m' f'ras du chagrin
    Si te n' dors point qu'à demain. »

Ni les marionnettes , ni l' pain n'épice
N'ont produit d'effet. Mais l' martinet
A vit' rappajé l' petit Narcisse,
Qui craingnot d' vir arriver l' baudet.
   Il a dit s' canchon-dormoire....
  S' mèr' l'a mis dins s'n ochennoire,
     A r'pris sin coussin,
  Et répété vingt fos che r'frain :

     « Dors min p'tit quinquin,
      Min p'tit pouchin,
      Min gros rojin ;
    Te m' f'ras du chagrin
    Si te n' dors point qu'à demain.

LES TABLES TOURNANTES.

Air: Vive la Lithographie.

On est blasé d'intind' dire :
Que l' journal est einnuyant !
Mi j' cros qu' tout cha ch'est pour rire,
Tell'mint qu' je l' trouve amusant.

Car un journal est fort bon
Pour fortifier l' vieux dicton
Qui dit : « Nous v'nons vieu' et lourds,
Nous appernons tous les jours. »

Surtout, d'puis qu' des hommes d' scieince,
Su' des table' et des capiaux,
Ont fait pus d'eune espérieince,
On lit des séquois fort biaux.

Grâce à chés homm's si malins,
On n'a qu'à s' tenir les mains
Pour fair' tourner tout autour
Un machin léger u lourd.

On vot des assiett's tournantes,
On vot des capiaux tournants,
On a des tables *parlantes* (1),
On a des buffets *parlants*.

Quand on veut les fair' cesser,
On n'a qu'à leu dire : Assez !...
Cha suffit, car aussitôt,
I s'arrêt'nt et ne ditt'nt pus mot....

Ah mais ! ch' dernier point me r'garde,
Et dès d'main j' vas l' l'essayer
Su' m' femm', qui toudis bavarde...
Pristi ! que j' vas l' l'attraper !

(*) A l'instar des chevaux savants ; en frappant du pied.

Vous dit's, je l' vos dins vos yeux,
Qu'eun' table et m' femm' cha fait deux,
Qu'elle a bien pus d'intiêt'mint...
J'approuv' fort vo' raisonn'mint.

Du moins si ch' malheur m'accable,
J' me r'ving'rai pa' ch' trait nouviau :
« T'as l' tiêt', pus durte qu'eun' table,
Et moins d'esprit qu'un capiau ! »

Mais j' cros que j' réussirai,
Car, inter nous, déjà j'ai
Fait des espérience' aussi
Qui n'ont point mal réussi.

Vous allez dir' : Ch'est eun' craque !
Comm' j' ador' les fins morciaux,
L'aut' fos, j'acate eun' couq'-baque
A l' biell' cav' des *Quat'-Martiaux*.

Aussitôt que j' sus servi,
J' me rappell' tout chin qu' j'ai li.
Alors je m' dis : « Ch'est-i vrai ?
Vite, essayons, je l' sarai... »

D' mes mains j'intoure m'n assiette :
Au bout d'eune heure à peu près,
Elle a fai' eun' pirouette
Et m' couq'-baque a queu dins l' grès.

In veyant chés *résultats*,
Tout l' monde a ri à-z-éclats.
On m'a dit : « T'es-t-un colas,
D' croire à tous chés bêtiss'-là ! »

In v'là-t-i des incrédules ?
Heureus'mint j' m'ai consolé,
In pinsant qu' ch'est des avules
Qui ditt'nt qui n'y-a point d' solei.

Au lieu d'êt' décoragé,
J'ai v'nu comme un inragé,
A n' point voloir passer l' jour,
Sans r'quemincher un aut' tour.

J' cour' à m' *Société d' malades*
Composé' d' gins bien portants,
J' leu dis : « J' vas fair' des parades,
Et des jus réjouissants ! »

Avec tous chés gais chochons,
Près d'eun' table nous s' plachons.
« Attintion ! que j' dis, t'nez-vous
Incainnés pa' l'main, tertous !... »

Au bout d'un quart d'heure à peine,
Ell' tourne comme un molin...
J' li crie : Arrêtez !... ell' clainne,
Et puis... elle s'arrête, infin.

« Mais p'tit' table ch' n'est point tout,
Nous volon' aller qu'au bout.
On va vous mette à l'essai,
Pour vous fair' dir' l'âch' que j'ai. »

Comme eun' personn' naturelle,
Cheull' table, avec sin pied d' bos,
A fai' eun' répons' fidèle,
In buquant juste trint' cops.

Mes chochons, poin' étonnés,
In riant ditt'nt à min nez :
« Tous tes tours ch'est point l' Pérou,
Si t'y cros t'es-t-un balou ! »

« Cheull' table, fort complaisante,
Qui t'a répondu si tôt,
Ch'étot tin cousin Zanzante
Qui donnot des cops d' chabot. »

Malgré l'avis d' chés sott's gins,
Puisque j' l'ai vu, je l' soutiens.
Awi, cheull' table a tourné,
Détourné, clainné, *parlé!*

Tiens! j'écrirai pou' m' fair' croire,
Un certificat marquant.
Afin qu'i viv' dins l'histoire,
Je l' sign'rai avec min sang!!!

CHOISSE ET THRINETTE.

PASQUILLE.

Au marqué d'Louche, un jour, Thrinette
Marchando' un painnier d'ongnons.
In l'veyant, eune aut' femm' s'arrête
Et, l' fixant d'puis les pieds qu'à l' tiête,
Li di' à peu près chés raisons :
  « Bonjour Thrinette !.....
In vérité, d'puis que j' te r'vette

Avé t' toilette,
Gross' badoulette,
Je m' dis dins m' tiête :
Es-ch' que ch'est fiête?
T'as des sorlets
Tout cliquant nués;
Un écourcheu
D' femm' de monsieu,
Eun' biell' caîn' d'or.....
Es-ch' que t'as trouvé un trésor?
Et puis, t'es rouv'laint (*) comm' eun' rose,
T'as de l' prestance, un air tout chose.....
On dirot, ma parol' d'honneur,
Qu' t'es pus de l' paroiss' Saint-Sauveur!... »

THRINETTE.

Eh ben! t'as mis l' nez d'sus, Françoisse,
N'y-à tros ans qu' j'ai quitté l' paroisse,
Et d' puis ch' temps là, je l' dis tout d' bon,
I s'a passé bien d' l'iau d'zous l' pont.

CHOISSE.

Est-ch' que t'as fait eune héritance?

(*) Être *rouv'laint*, *rouv'lainte*, c'est avoir le teint frais et vermeil.

THRINETTE.

Eh non! ch'est point d' là qu'à v'nu m' chance.

CHOISSE.

T'as peut-êt' gaingné l' gros lingot?

THRINETTE.

J'ai point mêm' gaingné un craq'lot.

CHOISSE.

Alors, t'as vindu t'n âme au diable?

THRINETTE.

Eh ben non, non! point si coupable.
J'ai rincontré un bon quertien
Qui m'a dit : « Thrinette, j' n'ai rien....
Rien.... ch'est point l' mot : j'ai du corache,
D' quoi faire un bon homm' de ménache.
Si vous volez m'rind' bien heureux,
Consinté' à n' fair' qu'un d' nous deux,

Et, m' main su' m' conscieince, j' promets
Que d' la vie vous n' s'in r'pintirez...

CHOISSE, *riant,*

Ah, ah, ah, ah! mon Dieu, qu' ch'est drôle,
Un canarien din' eun' guéole!....
Te veux m' fair' croir' qu'un ouverier,
Avé s' semain', peut l'habiller
  Comm' eun' duchesse?
  Drôl' de diablesse!....

THRINETTE, *en colère.*

Choiss', tin riache est insultant!....
Qu'eune aut' que ti m'in dije autant,
Foi d' Thrinette j' li donne eun' pronne!...
(S'apaisant).
Mais comme t'es-t-eune ancienn' camponne
  J' te pardonne.....

CHOISSE, *l'interrompant.*

Bon! t'as point b'soin de m' pardonner.
Te f'ros gramint mieux de m' pr uver
  Qu' chin qu'te racontes,
  Ch'est point des contes.

Car infin, j'ai un homme aussi.....
Tiens, j' vas t' mett' les points su' les i,
Pou t' fair' vir qu'avecque s'semaine
Nous vivons, mais qu' ch'est avec peine :

I gaingne à ch't heur' su' l' pied d' douz' francs.
(I n'n avot qu'onz' n'y-a point longtemps).
J' prinds là-d'sus mes vingt sous d' toilière,
Vingt sous d' sorlets, vingt sous d' leumière,
  Trint' sous d' carbon,
  Dix sous d'savon ;
V'là déjà chinq francs, tout compt' bon.
Nous maingeons deux d'mi-liv's de burre,
  Ch'est vingt-siept sous ;
Eun' mesur' de puns-d'-tierre à p'lure,
  Incor quinz' sous ;
Trint-et eun' liv's de pain d' blazé, (*)
  Quat' francs deux sous ;
Quatorz' demi-onch's de café,
  Quatorze sous.
Et d' mes douz' francs, reste deux sous. (**)
Deux sous !... pour avoir des tablettes,
Thim, laurier, poivre et sé, lavettes,

(*) Pour *blanzé*, c'est-à-dire pain bis.

(**) Pour reconnaître l'exactitude de ce compte, il faut se reporter à l'année 1854. C'est, en effet, à cette époque que cette pasquille a été faite.

    Bleu, amidon,
    Potass', ramon.....
Car i faut d' tout din' un ménache.
J' n'ai point compté vingt sous d' louache, (*)
Ni l' barb' de m'n homm', ni sin toubac,
Ni s' société (**), ni sin cognac
De Saint-Sauveur.... Comm' mi, Thrinette,
Te sais qu' quand il arrive eun' fiête
On n' peut point rester à s' maison
Sans dépinser un picaïon.....
Te vos donc, qu' si ch' n'est qu' j'ai l' ressource
Quand nous sommes réduit' à l' plat'-bourse,
De dir' *savez* au boulainger.
    Et au graissier,
Je n' poros jamais m'in r'tirer.

     THRINETTE.

Choiss' te carcul' comme un notaire.
D'après l' compt' que te viens de m' faire,
Tout l' mond' approuv'rot tes raisons ;
Mi, j' vas t' fair' mes observations :
D'abord, t'as parlé de l' semaine
De tin daron, mais point de l' tienne.....

(*) Loyer du logement.
(**) Presque tous les ouvriers font partie d'une Société de Secours mutuels, dite *Société de malades*, moyennant une cotisation hebdomadaire de vingt centimes.

CHOISSE.

M' semaine, à mi? fameux bébé!
Peut-on compter su' du dint'lé?
On jur'rot qu' te r'viens d' l'auter monde,
Car, à vingt lieue' d' Lille à la ronde,
On sait qu' ch'est un métier perdu.
Je n' gaingn' mie assez pou' min s'nu!

THRINETTE.

J' veux bien t' croir', mais pou' t' tirer d' peine
L' pauverieu (*) t'as mi' à *l' quinzaine*,
Ch'est déjà un bon p'tit soula.....

CHOISSE.

Tiens, tiens, Thrinett' te m' fais du ma
D' parler comm' cha.
N'y a-t-i point d' quoi bourrer s' bedaine
Avec un pauv' pain par semaine?
Su' l's aut's paroiss's cha va incor :
On a tas in temp' un *gros-mort*

(*) *Pauverieu*, en francisant pauvriseur. On dit aussi *pauvrieu*. Nom par lequel on désignait les personnes chargées par le Bureau de Bienfaisance de distribuer des secours aux *pauvres*. Des religieuses sont maintenant chargées de ce service.

Qui vous laiche un p'tit héritache :
Du pain, du burre et du fromache,
(Comm' dit l' canchon). A la bonne heur' !
Ch'est point comm' cha su' Saint-Sauveur :
S'il arriv' queq'fos qu'un brave homme
Laich' pour les pauve' eun' certain' somme,
A l' distribution nous somm's tant,
Qu'un verr' de schnich dins l' Grand-Tournant
F'rot pus d'effet dins cheull' rivière,
Qu' chin qu'on nous donn', su' no' misère...

THRINETTE.

Eh ! ben merci des complimints,
   Pour chés brav's gins...

CHOISSE.

Allons n' te mets poin' in colère !
S'i l' faut même, j' consin' à m' taire,
A condition qu' te m'apprindras
Comm' te t'as tiré' d'imbarras,
Et j' tach'rai d' m'imbarquer su' t' route...
Allons, veyons, parle ! j'acoute.

A peine ell' finichot ch'récit,
Qu'un vieux chav'tier s'approche et dit,

In leu présintant des cayères :
« J'oi pinsé, biell's petit's commères,
Que d'puis si longtemps qu' vous êt's là
A bavarder à la papa,
  Vous d'vé' êt's lasses.
Ch'est pourquoi que j' viens vous offrir
Chés deux cayèr's pour vous assir,....
  Quoi!.... des grimaces
Pour me r'mercier! vous êt's cocasses,
In vérité! car, là, vraimint!
J' comptos sur un p'tit r'mercîmint!.... »

Ch'est p'tit's femm's veyant qu'on rit d'eusses,
Aussitôt d' colèr' vienn'nt tout bleusses.
Choiss', s'approchant du vieux chav'tier,
Li dit : « Te veux nous faire aller,
  Viell' cruche!
  Imborgneux d' puche!
T'aros mieux fait, va, j' tin réponds,
D' continuer d' cloer tes talons,
Car, puisque te m' déclar' la guerre,
J' vas t'arringer de l' bonn' manière ;
Te verras si j'ai *tous mes dints.* »
Alors, s'adressan' à les gins
Rassemblés pour vir cheull' biell' scène,
V'là qu'ell' débit' tout d'eune haleine
Des mots.... à fair' drécher les ch'veux
Sus l' tiête!.... Ell' l'a traité d' taingneux,

D' plat gueux,
D'escogriffe,
Voleur,
Sans cœur,
Tiête à giffe,
Capon,
Poltron,
Platellette,
Nigaud,
Salot,
Mazéquette,
Infin, comme é n' trouvot pus rien,
Ell' li-a dit : MATHÉMATICIEN !!!...

In intindant cheull' drôl' d'insulte,
I s'a fait d' rire, un tel tumulte,
Que l' chav'tier honteu' et réü,
S'a sauvé comm' un quien perdu ....

Choiss', fière d' rimporter l' victoire,
Di' à Thrinette : « Allons, viens boire
Eun' goutte pour rassurer min cœur
Et fair' passer m' méchante humeur »
Comm' dit fut fait : cheull' brav' commère
N'avot point mêm' vidié sin verre,
Qu'elle avot déjà r'pris l' dessus.

« Thrinett' qu'ell' dit, tiens n' pinsons pus
A cheull' viell' coinne,
T'as r'pris t'n haleine !
Ainsi, te peux, sans pus tarder,
M' dir' tout chin qu' t'allos m' raconter
Su' tin ménache.
Va, j' s'rai bénache,
Si te peux m'indiquer l' moyen,
D' faire un n' séquoi avecque rien. »

THRINETTE.

Mais, mon Dieu ! je n' sus point sorcière.
Tout chin que j' sais, te poros l' faire,
Si te savos mette in action
Tout l' vérité du vieux dicton
Qui dit : *Au jus d' mamzell' Charlotte,
Ch'est l' pus malin qui attrap' l'aute.*

CHOISSE.

Bien débuté, mais te n' dis point
Quoi-ch' que t'intinds par l' mot malin !....

THRINETTE.

L' malin ? ch'est ch'ti qui rimplit s' poche
Quand l's aute' ont vidié leus goussets ;

Ch'est ch'ti qui varoule in caroche
In esclaboussant l' va-nu-pieds ;
Ch'est ch'ti qui maing' de l' confiture,
Des p'tits poulets, et bot du vin,
Quand les aute' ont pour nourriture,
Des puns-d'-tierr' malade', et du pain.

CHOISSE.

In vérité te m' f'ros bien rire,
Car t'as tout l'air d'un avocat
Qui parle eun' heur' pour ne rien dire.
Arrive au fait !....

THRINETTE

Eh ben ! m'y v'là.
J' t'ai dit que j' m'ai mi' in ménache,
Avec un homm' rimpli d' corache.
In mêm' temps, il a tant d'instincts,
Qu'i fait tout chin qu'i veut d' ses mains.
Dins l' temps, in r'venant de s'n ouvrache,
I rapportot du partissache,
Il él'vot des quiens, des ojeaux,
Pour les vinde à des prix fort hauts ;
I raccomodot des pindules,
Faijot des vierges, des hercules,

>   Avec des ch'veux.
> I sait *la plume*, et les fillettes
> Sont v'nu's souvint fair' fair' des lettes
>   Pou d's amoureux...
> Si bien qu'infin, au bout d'un an
> Nous avîm's tros chints francs vaillant.
> Mais pour gaingner eun' parell' somme,
> Queu ma qu' s'a donné min pauvre homme !....
> I passot les tros quarts des nuits.
> Cha n' m'allot point.... eun' fos j' li dis :
> « Paul, comm' ti j' vodros bien v'nir riche,
> Trop longtemps j' n'ai eu qu'eun' quemiche
> Que j' lavos les saim'di' au soir,
> Pour n'avoir poin' aussi ch'l espoir.
> Mais j' veux te l' dir', quoique i mon coûte,
> J' cros vraimint qu' t'es point su' l' bonn' route...
> Si te continu' de ch' train-là,
> Un certain jour, on s'in ira
> A l' chim'tière infouir tes oches....
> Mi, j' me r'tourn'rai, mais tes mioches
>   Quoi-ch' qu'i d'viendront ?
> Hélas ! chés p'tits infans n'aront
> Qu'un av'nir de peine et d'misère
> Et leus pauv's petits yeux pou' braire....
> Au lieu qu' si te veux m'acouter,
> Cha march'ra comme su' des roulettes ;
> Tant pus qu' les aute' aront des dettes,
> Tant pus qu' nous poron' impocher.... »

Là-d'sus, m'n homm' a l'vé épaules
In m' dijant : « Te m'in dis des drôles !
Pourtant, veyons vir tin moyen. »
« Mon Dieu, ch'est simple comme rien :
Quand nous sarons quequ'un à l' gêne,
Nous offrirons d' li faire un prêt,
A condition d' rind' *par semaine*
Un sou par franc pour l'intérêt..... »
M'n homme a fort bien compris l'affaire,
I m'a dit : « Ch'est bien, t'as qu'à faire
   Comme tel' l'intinds. »
Du mêm' jour, j'ai trouvé des gins
Qui sont v'nus m' donner leu pratique.
Queu biau métier !... point d' frais d' boutique,
Point d' drots d' patinte.. et des profits !....
Te n' me croiras point si j' te dis
Qu' trint' francs, qu' j'ai prêté' à un homme,
   M'ont rapporté tros fos
   Cheull' somme,
   Tout d'puis neuf mos !....

Aussi, grâce à ch' petit commerce,
Que d'puis deux ans seul'mint j'exerce,
Nous éparaingnons des écus,
Comme un certain nommé Crésus,
Qu' je n' connos point. J'ai l'espérance,
Si nous avons quéq' temps l' mêm' chance,

D' povoir, un biau jour nous r'tirer
Diu' eun' petit' mason d' rintier,
Par là, du côté d' l' Esplénade.
L' dimanch', nous iron' à l' prom'nade,
Nippés comm' des vrais muscadins,
Avec les habits les pus fins !....
J' cros déjà vir su' min passache,
L' mond' s'arrêter pour nous fair' plache,
Et nous dire avec imbarras,
Monsieu' ! Madam' ! pus haut que l' bras.
Te sais qu' ch'est ainsi qu' cha s' pratique....

CHOISSE.

« Tais-toi, car te m' donn' eun' colique,
Et j' perds patieince à t'acouter !....
Te cros donc qu'on va t'admirer
Pour avoir volé l' pauver monde ?
Va, va, *t'n erreur est bien profonde,*
Comm' dit certain prédicateur.
Tant qu'i rest'ra des homm's de cœur
I t' mépris'ront comme eun' chavate.
Et mi j' te dis : « T'es-t-eune ingrate.
Puisque tin cœur est sans pitié,
J' te r'tir' pour toudis m'n amitié,
Et j' te définds, si te m' rinconte,
De m' dir' bonjour, car cha m' f'ro' honte. »

N' s'attindant poin' à cheull' leçon,
Thrinette a resté court, tout d'bon;
Elle a laiché partir Françoisse
Sans dire à r'voir. Et cheull' grivoisse
A l'vé l' camp d'un air résolu,
In roucoulant che r'frain connu :
J'en ris, j'en ris, tant je suis bonne Fille!

Et mi, veyant tout cha fini,
Dins l' mêm' moumint j'ai pris l' parti
D'aller composer cheull' pasquille.

CHOISSE ET THRINETTE

ou

LE PRÊT A LA PETITE SEMAINE.

PETITE COMÉDIE DE MŒURS.

(La scène se passe au marché de *l a Housse*, rue de Fives.)

A MM. Albert Cordier, Tabary et Dérache (*).

CHOISSE.

Bonjour Thrinette !...
In vérité, d'puis que j' te r'vette
Avé t' toilette,
Gross' badoulette,

(*) C'est à la demande de ces Messieurs, qui l'ont souvent jouée en société, que nous avons fait de cette pasquille une petite scène à trois personnages.

Je m' dis dins m' tiête :
Es-ch' que ch'est fiête ?
T'as des sorlets
Tout cliquant nués ;
Un écourcheu
D' femm' de monsieu ;
Eun' biell' caîn' d'or....
Es-ch' que t'as trouvé un trésor ?
Et puis, t'es rouv'laint' comme eun' rose,
T'as de l' prestance, un air tout chose....
On dirot, ma parol' d'honneur,
Qu' t'es pus de l' paroiss' Saint-Sauveur !... »

THRINETTE.

Eh ben ! t'as mis l' nez d'sus, Françoisse,
N'y-a tros ans qu' j'ai quitté l' paroisse,
Et d'puis ch' temps là, je l' dis tout d' bon,
I s'a passé bien d' l'iau d'zous l' pont.

CHOISSE.

Est-ch' que t'as fai' eune héritance ?

THRINETTE.

Eh non ! ch'est point d' là qu'a v'nu m' chance.

CHOISSE.

T'as peut-êt' gaingné l' gros lingot?

THRINETTE.

J'ai point mêm' gaingné un craq'lot.

CHOISSE.

Alors, t'as vindu t'n âme au diable?

THRINETTE.

Eh ben non, non! point si coupable.
J'ai rincontré un bon quertien
Qui m'a dit: « Thrinette, j' n'ai rien...
Rien... ch'est point l' mot : j'ai du corache.
Si vous volez m' rind' bien heureux,
Consinté' à n' fair' qu'un d' nous deux,
Et m' main su' m' conscieince, j' promets
Que d' la vie vous n' s'in r'pintirez....

CHOISSE (riant).

Ah, ah, ah, ah! mon Dieu, qu' ch'est drôle,
Un canarien din' eun' guéole!...

Te veux m' fair' croir' qu'un ouverier,
Avé s' semain', peut t'habiller
    Comme eun' duchesse ?
    Drôl' de diablesse !...

Car infin, j'ai un homme aussi...
Tiens, j' vas t' mett' les points su' les i,
Pou t' fair' vir qu'avecque s' semaine
Nous vivons, mais qu' ch'est avec peine.

I gaingne à ch't heur' su' l' pied d' douz' francs.
(I n'n avot qu'onz' n'y-a point longtemps).
J' prinds là-d'sus mes vingt sous d' toilière,
Vingt sous d' sorlets, vingt sous d' leumière,
    Trint' sous d' carbon,
    Dix sous d' savon :
V'là déjà chinq francs, tout compt' bon.
Nous mingeons deux d'mi-liv's de burre,
    Ch'est vingt-siept sous ;
Eun' mesur' de puns-d'-tierre à p'lure,
    Incor quinz' sous ;
Trinte-et-eun' liv's de pain d' blazé,
    Quat' francs deux sous ;
Quatorz' demi-onch's de café,
    Quatorze sous.
Et d' mes douz' francs, reste deux sous.

Deux sous !... pour avoir des tablettes,
Thim, laurier, poivre et sé, lavettes,
  Bleu, amidon,
  Potass', ramon....
Car i faut d' tout din' un ménache.
J' n'ai point compté vingt sous d' louache,
Ni l' barbe de m'n homme, ni sin toubac,
Ni s' société, ni sin cognac
De Saint-Sauveur... Comm' mi, Thrinette,
Te sais qu' quand il arrive eun' fiête
On n' peut point rester à s' mason
Sans dépinser un picaïon....
Te vos donc, qu' si ch' n'est qu' j'ai l' ressource
Quand nous sommes réduit' à l' plat'-bourse,
De dir' *savez* au boulainger.
  Et au graissier,
Je n' poros jamais m'in r'tirer.

THRINETTE.

Choiss' te carcul' comme un notaire.
D'après l' compt' que te viens de m' faire,
Tout l' monde approuv'rot tes raisons:
Mi, j' vas t' fair' mes observations:
D'abord, t'as parlé de l' semaine
De tin daron, mais point de l' tienne...

CHOISSE.

M' semaine, à mi? fameux bébé!
Peut-on compter su' du dint'lé?
On jur'rot qu' te r'viens d' l'auter monde,
Car, à vingt lieue' de Lille à la ronde,
On sait qu' ch'est un métier perdu.
Je n' gaingn' mie assez pou' min snu!

THRINETTE.

J' veux bien t' croir', mais pou t' tirer d' peine
Su' l' liv' des pauv's t'es-t-à *l' quinzaine*,
Ch'est déjà un bon p'tit soula....

CHOISSE.

Tiens, tiens, Thrinett' te m' fais du ma
     D' parler comm' cha.
N'y a-t-i point d' quoi bourrer s' bedaine
Avec un pauv' pain par semaine?
Su' l's aut's paroiss's cha va incor :
On a tas in temp' un *gros-mort*
Qui vous laiche un p'tit héritache :
Du pain, du burre et du fromache,
(Comm' dit l' canchon). A la bonne heur' !
Ch'est point comm' cha su' Saint-Sauveur :

S'il arriv' queq'fos qu'un brave homme
Laich' pour les pauve' eun' certain' somme,
A l' distribution nous somm's tant,
Qu'un verr' de schnick dins l' Grand-Tournant
F'rot pus d'effet dins cheull' rivière,
Qu' chin qu'on nous donn', su' no misère....

THRINETTE.

Eh! ben merci des compliments,
  Pour chés brav's gins....

CHOISSE.

Allons, n' te mets poin' in colère!
S'i l' faut mêm', j' consin' à m' taire,
A condition qu' te m'apprindras
Comm' te t'as tiré' d'imbarras,
Et j' tach'rai d' m'imbarquer su' t' route....
Allons, veyons, parle! j'acoute.

UN SAVETIER.

Il présente des chaises aux deux commères et leur dit d'un
ton goguenard.

Bonjour vous deux!!! Comm' j'ai pinsé
In vous veyant su' l' mêm' pavé,
D'puis si longtemps, qu' vous êt's fort lasses...

CHOISSE ET THRINETTE (ensemble et d'un ton courroucé)

Quoiq-ch' qu'i nous veut ch' ti-là !...

LE SAVETIER.

J' veux vous offrir
Chés deux cayèr's pour vous assir !...

(Jouant l'étonnement).

Eh ben ! ch'est biau !... Quoi ! des grimaces
Pour me r'mercier !... vous êt's cocasses,
In vérité, car, là, vraimint,
J' comptos sur un p'tit r'mercîment !...

CHOISSE (très en colère).

Des r'mercîmints, vieill' cruche !
Imborgneux d' puche !
Taingneux !
Plat gueux !
Escogriffe !
Voleur !
Sans cœur !
Tiête à giffe !
Capon !
Poltron !

Platellette !
Nigaud !
Salot !
Mazéquette !
Pour tout dir', tiens ! t' n'es qu'un vaurien !
Un *Mathématicien ! ! !*

(Accablé sous le poids de ces injures, le vieux savetier se sauve)

CHOISSE A THRINETTE.

Infin le v'là parti, cheull' coinne.
Ti, su' ch' temps-là, t'as r'pris t'n haleine,
Ainsi, te peux, sans pus tarder,
M' dir' tout chin qu' t'allos m' raconter
  Su' tin ménache
  Va, j' s'rai bénache,
Si te peux m'indiquer l' moyen,
D' faire un n' séquoi avecque rien. »

THRINETTE.

Mais, mon Dieu, je n' sus point sorcière.
Tout chin que j' fais, te poros l' faire,
Si te savos mette in action
Tout l' vérité du vieux dicton
Qui dit : *Au jus d' mamzell' Charlotte,*
Ch'est l' pus malin qui attrap' l'aute.

CHOISSE.

Bien débuté, mais te n' dis point
Quoi-ch' que t'intinds pa' l' mot malin !..

THRINETTE.

L' malin ? ch'est ch'ti qui rimplit s' poche
Quand l's aute' ont vidié leus goussets ;
Ch'est ch'ti qui varoule in caroche
In esclaboussant l' va-nu-pieds ;
Ch'est ch'ti qui maing' de l' confiture,
Des p'tits poulets, et bot du vin,
Quand les aute' ont pour norriture,
Des puns-d'-tierre malade', et du pain.

CHOISSE.

In vérité te m' f'ros bien rire,
Car t'as tout l'air d'un avocat
Qui parle eun' heure pour ne rien dire.
Arrive au fait !....

THRINETTE.

Eh ben ! m'y v'là.
J' t'ai dit que j' m'ai mi' in ménache.

Avec un homm' rimpli d' corache.
In mêm' temps, il a tant d'instincts,
Qu'i fait tout chin qu'i veut d' ses mains.
Dins l' temps, in r'venant de s'n ouvrache,
I rapportot du partissache,
Il él'vot des quiens, des ojeaux,
Pour les vinde à des prix fort hauts;
I raccomodot des pindules,
Faijot des vierges, des hercules,
  Avec des ch'veux.
I sait *la plume*, et les fillettes
Sont v'nu's souvint fair' fair' des lettes
  Pou d's amoureux....
Si bien qu'infin, au bout d'un an
Nous avîm's tros chints francs vaillant.

CHOISSE.

Tros chints francs! diable, ch'est eun' somme!

THIRINETTE.

Awi, mais pour cha, min pauvre homme
Passot pus des tros quarts des nuits.
Cha n' m'allot point... Eun' fos, j' li dis:
 Acoute,

Pou' v'nir rich', t'es point su' l' bonn' route.
Là-d'sus, m'n homme a l'vé ses épaules
In m' dijant : « Te m'in dis des drôles !
Pourtant, veyons vir tin moyen. »
« Mon Dieu, ch'est simple comme rien :
Quand nous sarons quequ'un à l' gêne,
Nous offrirons d' li faire un prêt,
A condition d' rind' *par semaine*
Un sou par franc pour l'intérêt... »
M'n homme a fort bien compris l'affaire,
I m'a dit : « Ch'est bien, t'as qu'à faire
    Comme te l' l'intinds. »
Du mêm' jour, j'ai trouvé des gins
Qui sont v'nus m' donner leu pratique.
Queu biau métier !... point d' frais d' boutique,
Point d' drots d' patinte... et des profits !...
Te n' me croiras point si j' te dis
Qu' trint' francs, qu' j'ai prêté' à un homme,
    M'ont rapporté tros fos
    Cheull' somme,
    Tout d'puis neuf mos !....

CHOISSE (à part).

Eh ben ! ell' me dit là du propre !
Mais ch'est eun' coquine, eun' salope

TURINETTE.

Aussi, grâce à ch' biau p'tit métier,
Bétot, nous porrons nous r'tirer
Din' eun' petit' mason d' rintier,
Par là, du coté d' l'Esplénade.
L' dimanch', nous iron' à l' prom'nade,
Nippés, comm' des vrais muscadins,
Avec les habits les pus fins!...
J' cros déjà vir su' min passache,
L' mond' s'arrêter pour nous fair' plache,
Et nous dire avec imbarras,
Monsieu'! Madam'! pus haut que l' bras.
Te sais qu' ch'est ainsi qu' cha s' pratique....

CHOISSE.

« Tais-toi, car te m' donne' eune colique,
Et j' perds patieince à t'acouter!...
Ah! te cros qu'on va t'admirer?....
On t' mépris'ra comme eun' chavate,
   Implate! (*)
Tant qu'à mi, j' te l' dis sans détour.
N'eus pus l'audac' de m' dir' bonjour!...

(Elle s'en va, indignée).

(*) Emplâtre

TIIRINETTE (attérée, à elle-même).

Tiens !.... si tout l' mond' pinsot comme elle,
L'affair' s'rot point déjà si bielle !...

(Se ravisant).

Bah ! bah ! cheull' Choisse est eun' sott' gin...
On est au-d'sus tout par l'argint.

MANICOUR.

Air nouveau de l'auteur.

(Noté. — N° 6.)

Manicour est l' biau garchon qu' j'aime,
    Ch'est point sans raisons,
    Allez! j'in réponds.
Il a l' voiss' pus douch' que de l' crême,
    Des yeux terluijants,
    Comme des viers-luijants.
      Quand i veut s' mêler
        D' les fair' briller
      Sur cheuss' d'eun' femme,
    Elle a du bonheur
S'i n' li prind point sin cœur.

Fill' qui n'a point connu l'amour,
Ch'est qu'ell' n'a point vu Manicour,
    L'amour, l'amour,   ⎫
  D'rot s'app'ler Manicour!   ⎬ (Bis).
                             ⎭

Manicour a d' l'esprit comm' quate.
    I fait tous les jours,
    Trint'-six calembours;
I sait, pour donner des cops d' patte,
    Si bien s'espliquer,
    Qu'on n' peut répliquer.
    I fait des couplets,
      Uch' que *gob'lets*
      Rime avec *jatte;*
    Ses r'frains sont pleins d' *Tra*
La la! La trou! La la!

Fill' qui n'a point connu l'amour,
Ch'est qu'ell' n'a point vu Manicour,
    L'amour, l'amour,
    D'rot s'app'ler Manicour! } (Bis.

Manicour est fort sur la danse,
    Ch'est plaisi de l' vir
    Fair' des pas d' zéphyr.
Des interchats pleins d'élégance
    Des ail's de pigeon,
    Des sauts qu'au plafond!
    Quand je l' vos s' lancer,
      Je m' sins bronser...
      Malgré s'n aisance,
    I m' senn' que j'vas vir
Ses gambes s' démolir.

Fill' qui n'a point connu l'amour,
Ch'est qu'ell' n'a point vu Manicour,
    L'amour, l'amour,
    D'rot s'app'ler Manicour !   (Bis).

Manicour connot bien l' musique.
    I ju' du piston,
    Cant' comme un pinchon.
I veut fair' mieux, car, i s'applique
    A povoir canter,
    Et s'accompagner !...
    S'i peut parvenir
        A réussir,
        Cha s'ra comique,
    D'intinde s' canchon
    In mêm' temps qu' sin piston !

Fill' qui n'a point connu l'amour,
Ch'est qu'ell' n'a point vu Manicourt,
    L'amour, l'amour,
    D'rot s'app'ler Manicour !   (Bis)

Manicour, instruit su' l'histoire,
    Vous ramintuvra,
    Tout chin qu'on vodra.
I vous suffira d'li fair' boire
    Un simple *canon*,

Pour qu'i trouve au fond,
Qu' *les Rois*, *l' Parjuré*,
L' Rœtare,
Vienn't avant *la Foire ;*
Et *l' Saint-Nicolas*
Bien après *l' Mardi Gras.*

Fill' qui n'a point connu l'amour,
Ch'est qu'ell' n'a point vu Manicour,
L'amour, l'amour,
D'rot s'app'ler Manicour ! } (Bis.

Manicour avé s'n air cocasse,
Et ses tours si biaux,
F'rot rir' des caillos.
I saute, i dans' comme un payasse,
I fait des timblets,
Et des badoulets ;
Il imite l' quien,
L' cat, l' canarien,
L' merle et l' bécasse ;
Quand i fait l' baudet,
On crot vraimint qu'il l'est....

Fill' qui n'a point connu l'amour,
Ch'est qu'ell' n'a point vu Manicour,
L'amour, l'amour,
D'rot s'app'ler Manicour ! } (Bis).

V'là quasimint l' portrait de ch' drille.
 Par dessus tout cha,
 On peut dir' qu'il a
L'cœur d'un lion, les traits d'eun' jeune fille,
 L' prestanc' d'un soldat,
 L' japp' d'un avocat.
 Courez, parcourez,
  Si vous trouvez
  Dins l' vill' de Lille
 Un homm' si parfait,
J' vous paîrai du café !...

Fill' qui n'a point connu l'amour,
Ch'est qu'ell' n'a point vu Manicour,
  L'amour, l'amour,   ⎫
  D'rot s'app'ler Manicour ! ⎬ (Bis).

CROQSORIS

ou

LA NOUVELLE MÈRE-MICHEL.

Air nouveau de l'auteur, avec refrain imitatif.

(Noté. — N° 7.)

J'avos mis m'n amour sur eun' biête
Un cat qu' j'appélos Croqsoris.
Il étot plus rar' qu'eun' comète,
Avé s' gross' queue et ses poils gris ..
Mais des brigands d' min voisinache,
L' jour des Rois, volant fair' festin,
Ont pris cheull' pauver biête au liache,
Pou l' mainger in guiss' de lapin...
Chés capenoul' ont tordu l' cou
      D' min biau matou,
      D' min gros minou,
Qui faijot si bien *mi-a-ou!*
      Mi-a-ou!!!

Et quand il' on' eu commis ch' crime,
Chés vrais vauriens, chés gins sans cœur,
Sont v'nus m' vir, et m' dir', pour la frime :
« Brav' femm' nous plaingnons vo' malheur. »
Su' l' temps que j' perdos m' voisse à braire,
Il' ont pindu à min rideau,
Comme un graingnard d'apothicaire,
L' tiête d' min cat par sin musiau.

Chés capenoul' ont tordu l' cou
  D' min biau matou,
  D' min gros minou,
Qui faijot si bien *mi-a-ou !*
  Mi-a-ou !!!

Veyant dins cheull' postur' cocasse
L' restant d' Croqsoris, qu' j'aimos tant,
J'ai poussé eun' longue esclamasse !
Au point d'arrêter chaq' passant.
J'ai pris dins mes mains cheull' pauv' tiête,
Je l' l'ai bajé' comm' du bon pain,
Et, pou' l' conserver, j' l'ai fait mette
Din' un grand bocal d'esprit d' vin...

Queu malheur, on a tordu l' cou
  D'min biau matou,
  D'min gros minou,
Qui faijot si bien *mi-a-ou !*
  Mi-a-ou !!!.

Croqsoris faijot mes délices,
Par tous les p'tits tours qui m' juot.
Il avot des drôl's de caprices :
Quand j'avos de l' viande, i m' l'inl'vot,
Si par hasard j'oblios d' mette
Eun' couverture à min pot d' lait,
J'étos bien sûr' que ch' petit traîte
S'in irot bien vit' l'avaler.

Queu malheur, on a tordu l' cou
    D'min biau matou,
    D'min gros minou,
Qui faijot si bien *mi-a-ou !*
    Mi-a-ou !!!

Comme il aimot les friandisses,
J' li faijot mainger à tous r'pas,
Du fi', du pomon, des saucisses,
Et même d' l'andouillett' d'Arras !...
Chaq' jour, infin, ch'étot ducasse,
Je n' s'avos qu' fair' pou' l' régaler.
Quand l' matin j' buvos m' *petit' tasse*,
J' li donnos m' tablett' à chucher....

Queu malheur, on a tordu l' cou
    D' min biau matou,
    D' min gros minou,
Qui faijot si bien *mi-a-ou !*
    Mi-a-ou !!!

Pour li j'avos l' cœur d'eun' bonn' mère :
Quand il étot bien ingavé,
Je l' vettios, et j'étos tout' fière
D' vir que s' panch' ramonnot l' pavé...
Heureux comme un p'tit coq in pâte,
Car i n' manquot jamais de rien,
Il a pourtant, juant de l' patte,
Un jour croqué min canarien....

Queu malheur, on a tordu l' cou
    D' min biau matou,
    D' min gros minou,
Qui faijot si bien *mi-a-ou!*
    Mi-a-ou!!!

Malgré ses p'tits défauts, j' vous jure
Que j' donn'ros gros pour mi l' ravoir....
J' vodros qu'on punich' de l' torture,
Cheuss'-là qui faitt'nt min désespoir!
J' vodros les vir din' eun' guéole,
Pindant tros heure' au pilori,
Et leu marquer su' chaque épaule,
Chés mots, avec un fier rougi :

« Chés capenoul' ont tordu l' cou
    D' min biau matou,
    D' min gros minou,
Qui faijot si bien *mi-a-ou!*
    Mi-a-ou!!!

LES PRÉDICTIONS DE M'N ARMENA.

Air nouveau de l'auteur.

(Noté. — N° 8.)

Un armena sans prédictions,
Ch'est un macavul' sans leunettes;
Ch'est un lapin cuit sans angnons,
Et des vieill' gra'-mèr's sans crochettes.
      Et v'là! et v'là ⎫
Les prédictions de m'n armena : ⎭ *bis.*

Au mos d' Janvier i gèl'ra dru :
Chaq' noquère ara s' candéliette.
On aim'ra mieu' un air de de fu
Que l' pus biel air de clarinette.
      Et v'là! et v'là
Les prédictions de m'n armena !

Féverier, qu'on appell' *court-mos*,
Nous donn'ra queq' jours de carême.
On verra dins gramint d'indrots
Mainger pus d'lait-battu que d' crême...
   Et v'là ! et v'là
Les prédictions de m'n armena.

Mars ara des fameux gruos,
Aussi je n' crains point d' vous prédire,
Qu'in veyant vos sorlet' à tros,
Tous les cordonniers pouff'ront d' rire...
   Et v'là ! et v'là
Les prédictions de m'n armena.

Au premier d'Avril, on verra
Des balous courir à l' moutarde,
Et ch'l amus'mint réjouira,
Pindant tous l' mos, pus d'eun' bavarde.
   Et v'là ! et v'là
Les prédictions de m'n armena.

Avecque l' mos d' Mai, arriv'ront
Biell's fleurs, vertes feulle' et rosées.
Alors aussi, des fleurs pouss'ront,
Qui n'ont point b'soin d'ête arrousées.
   Et v'là ! et v'là
Les prédictions de m'n armena !

Si l' pleuve arrive à l' Saint-Médard,
A Lille, à Paris, comme à Vienne,
I pleuv'ra quarant' jours pus tard,
A moins qu'avant l' biau temps ne r'vienne.
   Et v'là ! et v'là
Les prédictions de m'n armena.

Du mos d' Julliet, l' forte caleur, (*)
Fra boir' tisainne et limouade.
Si l'un sin trouv' bien, par malheur,
P'us d'un aut' s'in rindra malade.
   Et v'là ! et v'là
Les prédiction de m'n armena.

L'Août fournira gramint d' blé.
Aussi combien d' gins nous répètent
Qu'on maing'ra du pain bon marqué...
Si les grands marchands d' grains l' permettent.

(*) Le couplet du mois de juillet était ainsi conçu dans les précédentes éditions :

   Du mos d' julliet, l' forte caleur
   F'ra rire un marchand d'iau, poète,
   Qui donn'ra des *cainn'çons d'honneur*
   A cheuss' qui piqu'ront l' mieu' cun' tête.

Le marchand d'eau poète était Alexandre Deplanck, entrepreneur des bains du Cirque et de l'école de natation et auteur de charmantes poésies dont un petit nombre ont été réunies sous ce titre : *Fables et Poésies diverses* et forment un volume publié à Lille en 1860.

Et v'là ! et v'là
Les prédictions de m'n armena.

Tout Septembre nous apport'ra
Bien d' l'agrémint, vous povez m' croire,
Puisque dins ch'mos, chacun goût'ra
Les plaisis qu' peut donner la Foire. (*)
    Et v'là ! et v'là
Les prédictions de m'n armena.

In Octobre arriv'ra, mes gins,
L' fiêt' *Saint-Crépin*, l' temps des marées ;
Les cordonniers maing'ront d's hérings,
Avec des bonn's gross's couq's chucrées...
    Et v'là ! et v'là
Les prédictions de m'n armena.

Novembre est un mos bien fameux,
Mais qui, malheureus'mint, nous ruine.
Aussi vous verrez d's amoureux
S' brouiller pou' l' fiête d' Saint'-Cath'rine...
    Et v'là ! et v'là
Les prédictions de m'n armena.

(*) On sait que la foire de Lille, dont la durée ordinaire est de plus de quinze jours, commence le 26 août.

In Décembre, l' *Petit-Jésus*
A vos p'tits garchons, vos p'tit's filles,
Si vous dépinsez queq's écus,
Apport'ra gramint d' gross's coquilles.
   Et v'là ! et v'là
Les prédictions de m'n armena. (*)

(*) Le couplet du mois de décembre était ainsi conçu dans les précédentes éditions :

> Infin, triste et frod comme un mort,
> Arriv'ra l' dernier mos : décembre.
> Plaît à Dieu qu' pour nous rire incor
> J'invint'rai des r'frains dins m'violl' cambre.

NICOLAS

ou

LE BAISER VOLÉ.

Air : Du Curé de Pomponne.

Nicola' est un d' chés garchons,
Qui, quand i vott'nt eun' fille,
D' puis les ch'veux, jusqu'à les talons
Tout leu corp' in fertille...
Par malheur i n'-y-a des tendrons
Rimplis d' vertu... dins l' tiête.
— Ah ! te t'in souviendras,
     Nicolas !
D'avoir bajé Thrinette

Thrinette, intre l' né et le minton
Aïant r'chu eun' babache,
Au lieu d' rire avecque ch' luron,
Ell' rougit, ell' se fâche.

Ell' prind sin chabot pa' l' talon,
D' Nicolas, ell' find l' tiête...
   — Ah ! te t'in souviendras,
        Nicolas !
D'avoir bajé Thrinette.

Pa' ch' cop d' chabot, abasourdi,
Veyant trent'-six candelles,
Nicola' ouvre s' bouque et dit :
« Fill' ! t'aras d' mes nouvelles !
Dès d'main tous les gins du Réduit
Saront qu' t'es-t'eun' grippette. »
   — Ah ! te t'in souviendras,
        Nicolas !
D'avoir bajé Thrinette.

Ell' li répond : « Dis chin qu' te veux,
Je m' ris d' tes bavardages.
Pour m'imbrasser, j'ai m'n amoureux,
Un gaillard à moustaches.
Au lieu qu' ti t'es-t-un p'tit morveux
Sec comme eune alleumette...
   — Ah ! te t'in souviendras,
        Nicolas !
D'avoir bajé Thrinette.

L' moustafia, l' superbe amoureux,
Arrive, et s' mé' in garde.
Nicolas, n' fait ni eun' ni deux,
I li flanque eune œuillarde...
Mais li-même a eu l' tour des yeux
Noir comme l' cœur d'un traîte...
 — Ah ! te t'in souviendras,
   Nicolas !
 D'avoir bajé Thrinette.

L' maîtresse d' Nicolas, Mad'lon,
Accourt. Les deux maîtresses
S'inpoign't aussitôt pa' l' chinion ;
Thrinett' quait su' ses f.....
Mad'lon, profitant l'occasion,
Li donn' pus d'eun' cliquette...
 — Ah ! te t'in souviendras,
   Nicolas !
 D'avoir bajé Thrinette.

Tout l' mond' criot : « Hardi ! Mad'lon ! »
Par malheur, la police
Est v'nu', sans fair' gramint d' façon,
Mett' fin à ch'l exercice,
In m'nant les acteur' au violon,

Sans tambour ni trompette...
— Ah! te t'in souviendras,
           Nicolas !
D'avoir bajé Thrinette.

Nicolas n' conserve aucun r'gret
D' cheull' cocasse avinture,
A r'quemincher, même, il est prêt,
Sur une si biell' figure.
Pourtant souvint, au cabaret,
Près d' li chacun répète :
    « Ah ! te t'in souviendras,
           Nicolas !
    D'avoir bajé Thrinette.

L' CANCHON-THRINETTE

ET L'IMP'REUR DE RUSSIE (*).

Air : Du Curé de Pomponne.

Su' *Nicolas,* j'ai composé
Eun' canchon drôlatique.
Grâce à ch' *nom*, vite on a pinsé
Qu' chétot de l' politique.
Che refrain tout l' monde a répété,
In cangeant pus d'eun' lette :
 « *Ah ! te t'in souviendras,*
  Nicolas !
 D'avoir bajé Thrinette. »

(*) La chanson précédente a été chantée dans les rues par la Société du *Grenadier Lillois*, le dimanche gras de l'année 1854, c'est-à-dire au moment de la guerre d'Orient. Son refrain ayant paru être une menace à l'adresse de l'*Empereur Nicolas* devint immédiatement populaire. On en jugera par les extraits ci-après de deux journaux de l'époque.

La Liberté, 4 mars 1854. « Fidèle à leur habitude de se promener par a

Nos jeun's gin' aïant tiré l' sort,
Ont dit l' *Canchon-Thrinette*.
Veyant cha, l'écrivain du Nord
L'a mis dins s' grand' gazette...
La Liberté, faijant pus fort,
A *marié* cheull' fillette :
 « *Ah! te t'in souviendras,*
  Nicolas!
 D'avoir marié *Thrinette,* »

ville, tambour en tête et chantant quelque refrain d'actualité, les conscrits de 1854, étaient assez embarrassés, car les chansonniers n'ont encore rimé aucun couplet sur la guerre d'Orient. Nos jeunes gens n'ont rien trouvé de mieux que d'adopter ce refrain d'une chanson de carnaval :

 « Ah! tu t'en souviendras,
  Nicolas,
 D'avoir *marié* Thrinette, »

» Depuis deux jours ces deux vers tiennent lieu de chant guerrier dans toutes les rues de la ville. »

La Liberté, 9 mars 1854. « Le refrain de nos conscrits a fait du chemin depuis que nous en avons parlé, mais il s'est modifié en voyageant. S'il faut en croire un journal d'Évreux, les conscrits de cette ville chantent sur l'air du *Curé de Pomponne* :

 « *Ah! tu t'en souviendras,*
  Nicolas ;
 Du combat de Sinope. »

Le Nord, 22 mars 1854. « La chanson de *Thrinette* et *Nicolas* qui fait son tour de France sous la nouvelle physionomie politique, a Lille pour berceau ; mais c'est à Evreux qu'elle a pris des forces pour s'élancer vers Paris. Or, comment s'est-elle naturalisée à Evreux. C'est ce que nous apprend l'un de nos amis du bon pays de Normandie. Il paraît que des conscrits du Nord, en traversant Evreux pour gagner leur garnison, ont chanté avec grand succès le refrain de cette chanson ; un poète local s'en est emparé et y a assez maladroitement cousu le désastre de Sinope. N'importe, l'idée a fait son chemin, et aujourd'hui elle rayonne de la capitale sur tout le pays. Mais nous devions revendiquer le droit de propriété en faveur de notre bonne ville. »

Ch'est alors qu'un journal d'Evreux
A dit (nous d'vons bien l' croire),
Qu'eun' bainde d' conscrits tout joyeux
D' courir à la victoire,
Cantott'nt che r'frain fort guerroyeux
In vidiant pus d'eun' chope :
   « *Ah! tu t'en souviendras,*
         Nicolas!
   Du combat de Sinope. »

Pus tard, Monsieu' E. C. Piton,
Fort connu comm' poëte (*)
A volu faire aussi s' canchon
Sus l' biel air de Thrinette ;
Mais, parlant l' langach' du grand ton,
A fait sin r'frain d' cheull' sorte :
   « *Non, tu n'entreras pas,*
         Nicolas!
   Tant qu' nous gard'rons la Porte. »

Puisque *Thrinette* a fait sin qu'min,
J' vas parler d' la Russie.

(*) M. E. C. Piton, l'auteur de la chanson intitulée : *Les Gardes de la Porte*, était, il y a une vingtaine d'années, l'un des chansonniers chéris des goguettes parisiennes ; le refrain suivant d'une de ses chansons bachiques est resté populaire :

Verse à boire, ou je vais mour'r!

Sans pus tarder, je m' met' in train
D' composer m' litanie.
Comme les aut's, pour canger min refrain
I n' me faut qu'eun' minute :
  « *Ah ! te t'in souviendras,*
        Nicolas !
D'avoir caché dispute. »

Rien qu'à ch' nom d' Nicolas, d'eilleur',
Je m' sins v'nir in colère ;
Et j' sus contint, parol' d'honneur,
Qu'on va li fair' la guerre.
J'espèr' bien qu' nous arons l' bonheur,
De l' fair' danser sans flûte.
  Ah ! te t'in souviendras,
        Nicolas !
  D'avoir caché dispute.

In y pinsant, t'nez, min sang bout,
J' vodros t'nir un cosaque,
Je l' rétindros, par un atout, (*)
Plat comme eun' vrai' couq'-baque.
Vrai, d'un bout du monde, à l'aut' bout,
On parl'rot de s' culbute...
  Ah ! te t'in souviendras,
        Nicolas !
  D'avoir caché dispute.

(*) Coup de poing.

Nicolas s' crot des pus malins.
I n' veut fair' qu'eun' conquête :
Invoyer juer les souv'rains,
Et du mond' rester l' maîte...
Mais nos brav's soldats, nos marins,
L' f'ront rintrer dins s' cahute.
 Ah ! te t'in souviendras,
   Nicolas !
 D'avoir caché dispute.

LE CABARET.

Air nouveau de l'auteur.

(Noté. — N° 9)

Ch'est au cabaret,
Que l' tristesse,
Viell' tigresse,
Sitôt disparaît...
Vive l' cabaret!

On a canté *La Foire*,
L' *Brad'ri'*, L' *Canchon-Dormoire*,
Un *p'tit pochon à boire*,
Et L' *Vieux Ménétrier*.
On nous a cassé l' tiête
Avé L' *Canchon-Thrinette*,

J' veux qu'à ch't heure on répète
Che r'frain à plein gosier :
    Ch'est au cabaret, etc.

Ch' vieux grand-père à leunettes,
S'in va lir' les gazettes.
I n' pass'ra point tros lettes,
Point même un quien perdu...
D'abord, ch'est qu'cha l'amuse,
Mais v'là surtout s'n escuse :
Ch'est qu' su' ch' temps-là, i n'use
Ni s' candell', ni sin fu...
    Ch'est au cabaret, etc.

Vettiez chés jueux d' carte :
Ch'ti qui busi, écarte.
On dirot Bonaparte,
Au bivac d'Austerlitz.
I perd la trimontaine...
L'aute est joyeux de s' veine,
Et pourtant, chin qu'i gaingne, (*)
I l' mettra d'sous l' tapis. (**)
    Ch'est au cabaret, etc.

(*) Prononcez *gainne*, le g ne se fait pas sentir.

(**) Les habitués d'estaminet ont coutume, lorsqu'ils jouent aux cartes, de mettre le gain sous le tapis. La somme ainsi recueillie contribue, à la fin de la soirée, à payer la dépense.

Vettiez cheull' fill' propette;
Avé s' bai' cazinette,
Sin capot d' cotonnette,
Et ses biaux noirs chabots.
Elle paraît faite au moule ;
Pour plaire à cheull' biell' poule,
Pus d'un garchon roucoule...
Ch'est pir' qu'un combat d' coqs.
  Ch'est au cabaret, etc.

Ch'l homm' qui paraît bénache,
A fait bis à s'n ouvrache.
S' femme arriv' tout in rache
Et l' traite d' grand capon.
I li fait boir' de l' bière,
Sitôt cheull' mach' commère,
Obliant s' grand' colère,
Vient douch' comme un mouton.
  Ch'est au cabaret, etc

Quoiq' d'eun' richess' postiche,
Là, l'ouverier s' crot riche,
Car i fourr' dins leu niche
Les tourmints, les tracas.

In allant payer l' bière
Qu'il a bu', l' cabar'tière
Li dira, pour li plaire,
Monsieu pu' haut que l' bras.

Ch'est au cabaret,
Que l' tristesse,
Viell' tigresse,
Sitôt disparaît...
Vive l' cabaret!

LA VIEILLE DENTELLIÈRE.

SOUVENIRS ET REGRETS.

Air nouveau de l'auteur.

(Noté. — N° 10.)

Mad'lon, l' doyenn' des dintellières,
L'aut' jour, in r'muant ses broq'lets,
Parlot d' ses joie' et d' ses misères
A pus d' vingt jeun's gins rassemblés,
   Ell' récomparot les jours
      De s' vieillesse,
   Au pus biau temps des amours
      De s' jeunesse ;
   Ell' rappélot ses plaisis,
   Ses chagrins, ses soucis
   Et répétot toudis :

« Pour éloingner cheull' vieille histoire
      De m' mémoire,

Trottez ! trottez !
 Mes p'tits broq'lets,
 Trottez ! trottez ! »

« A quinze ans j'étos joliette,
On m' répétot vingt fos par jour :
— Mon Dieu, Mad'lon, qu' vous êt's bien faite !
Vous avez tous les traits d' l'amour.
 Et quand on vous vot marcher,
  J' vous assure
 Qu'on n' décess' point d'admirer
  Vo' tournure...
 Vous êt's comme un *postillon*,
 Qui trottin' tout au long
 De l' fichell' d'un dragon...

« Pour éloingner cheull' vielle histoire
 De m' mémoire,
 Trottez ! trottez !
 Mes p'tits broqu'lets,
 Trottez ! trottez ! »

— Vous avez l' voiss' d'eune alouette.
Quand vous cantez, quand vous parlez,
On crot d'intinde eun' clarinette
Qui ju' l'air des pus biaux couplets.
 Dins vos yeux noir' et brillants
  On s' pourmire ;

Vos orell's garni's d' pindants
   On admire;
Et l' moindre d' vos amoureux,
Pour eun' mêche de vos ch'veux
Donn'rot chin qu'il a d'mieux.

« Pour éloingner cheull' vielle histoire
   De m'mémoire,
      Trottez! trottez!
      Mes p'tits broq'lets,
      Trottez! trottez!

« Ch'étot l' bon temps des dintellières,
On gaingnot d' l'argin' à ruffler,
Aussi, j' n'avos point des berlières,
Comme à ch't heur' pour mi m'habiller.
   J'avos des grands farbalas
      Les dimanches;
   Des biaux p'tits lis'rets lilas
      Sus mes manches;
   Des *faveur'* à mes sorlets,
   Cocarde' à mes bonnets,
   Des bas d' soie à mes pieds. »

« Pour éloingner cheull' vielle histoire
   De m' mémoire,
      Trottez! trottez!
      Mes p'tits broq'lets,
      Trottez! trottez! »

« A vingt ans j' m'ai mi' in ménache
Avec un homm' biau comme un cœur.
Aussi j' peux dir' que no' mariache
A mis tout l' canton in ameur.
 Nous avons fait nos quinz' tours
  In caroche,
 Et pindant pus d' huit grands jours,
  In bamboche,
Dins Lille et dins les fourbougs,
On n' rincontrot pus qu' nous
Marchant bras d'sus bras d'zous. »

« Pour éloingner cheull' vielle histoire
  De m' mémoire,
  Trottez ! trottez !
  Mes p'tits broq'lets,
  Trottez ! trottez ! »

« Mais par malheur, j'ai resté veufe
Avec trôs infants su' mes bras.
Mon Dieu ! mon Dieu ! queull' triste épreufe !
Pus d' plaisi, gramint d'imbarras :
 Min vieux garchon, d'puis longtemps,
  Fait l' penoule ;
 M' fill', qui n'a point vingt-chinq ans,
  Est eun' droule ;
Hélas ! et l'aut' garchon qu' j'ai,
  Volant faire un congé
  D'hier est ingagé. »

« Pour éloingner cheull' triste histoire
De m' mémoire,
Trottez! trottez!
Mes p'tits broq'lets,
Trottez! trottez! »

« Me v'là donc vielle et presque infirme,
N' gaingnant pus d' quoi mainger du pain.
Heureus'mint, l' pauverieu m'affirme
Qu'on m'attind au Bleu-Tot dès d'main.
Quand j'arai là mes habits
D' cotonnette,
On rira bien d' mi, si j' dis
Qu' jeun' fillette,
Pour mieux fair' mes imbarras,
J' portos des farbalas
Et d's écourcheux d' taff'tas. »

« Pour éloingner cheull' vielle histoire
D' mémoire,
Trottez! trottez!
Mes p'tits broq'lets,
Trottez! trottez! »

HEUR ET MALHEUR

ou

L' DUCASSE DE SAINT-SAUVEUR.

Air de l'Almanach de poche (1ᵉʳ vol.)

ou

Du Sergent de Chœur. (3ᵉ vol.)

On dit qu' *la vie à des charmes* (*).
J' ajoute : elle a des tourmints,
Puisque nous versons des larmes
D' joie et d' peine à tous moumints.
Pour comprind' chin que j' dis là,
Acoutez le r'frain que v'là :
    « Queu bonheur !
    Queu malheur !
A l' ducasse d' Saint-Souveur
    J'ai ri d' bon cœur !
    J'ai bré d' bon cœur ! »

Quand, pour annoncer cheull' fiête,
On a sonné les Tritrons,
Tout l' mond' canto' à tu-tiête

---

*) Réminiscence d'une vieille chanson

« *Du gambon, nous in maing'rons !* » (*)
Alors, pinsant qu'à m' mason
N'y-avot poin' un picaïon....
    Queu malheur !
    Queu malheur !
A l' ducasse d' Saint-Sauveur
    J'ai bré d' bon cœur !
    J'ai bré d' bon cœur !

Mais l' lind'main, à cheull' ducasse
J' rincont' Cathrin' Réjoui.
J' li fai' eun' risett' cocasse ;
J' li d'mand' qu'ell' vienche avec mi...
V'là s' répons' par à peu près :
« J'ai v'nu drot-chi tout esprès. »
    Queu bonheur !
    Queu bonheur !
A l' ducasse d' Saint-Sauveur
    J'ai ri d' bon cœur !
    J'ai ri d' bon cœur !

Nous parton' à la badine,
In riant, tout in d'visant.
J'avos l' plaisi peint su' m' mine,
Mais.... je r'cho' un *renfonc'ment*.
Et ch'ti qui m' l'avot donné,

(*) Voir notre vocabulaire au mot *tritons*.

M'insulte pa' d'sus l' marqué.
 Queu malheur !
 Queu malheur !
A l' ducasse d' Saint-Sauveur
 J'ai bré d' bon cœur !
 J'ai bré d' bon cœur !

Cheull' *farce* criot vengeance,
Aussi j'attrap' min luron,
J' li dis : « J' vas t' donner eun' danse,
Allons ! vite, in position!... »
Sin visach' tout dépiché,
Prouve assez que j' m'ai r'vingé.
 Queu bonheur !
 Queu bonheur !
A l' ducasse d' Saint-Sauveur
 J'ai ri d' bon cœur
 J'ai ri d' bon cœur !

Mais Cath'rin' vot les q'vas d' bronse,
(Elle est sott' de ch' plaisi-là).
J'aros volu qu'elle y r'nonce,
Mais crac ! ell' saut' sur un q'va....
In faijant ses imbarras,
Elle a bourlé l' tiête in bas ...
 Queu malheur !
 Queu malheur !

A l' ducasse d' Saint-Sauveur
　　J'ai bré d' bon cœur !
　　J'ai bré d' bon cœur !

J' l' croyos queue in faiblesse,
Aussi j'étos transi d' peur.
Ell' se r'lève et vot m' tristesse,
Et m' dit : « Rassurez vo' cœur.
I n' faut point brair' comme un viau,
J'in s'rai quitte pour un boursiau ... »
　　　　Queu bonheur !
　　　　Queu bonheur !
A l' ducasse d' Saint-Sauveur
　　J'ai ri d' bon cœur !
　　J'ai ri d' bon cœur !

Là-d'sus j'ai r'conduit cheull' fille,
Qui m'a donné l' permission
D'aller d'mander à s' famille
D'avoir l'intré' de s' mason.
Infin, à minuit sonnant,
J' m'ai couché in marmottant :
　　　« Queu bonheur !
　　　　Queu malheur !
A l' ducasse d' Saint-Sauveur
　　J'ai ri d' bon cœur !
　　J'ai bré d' bon cœur ! »

VIOLETTE.

PASQUILLE ET CHANSON

V'là huit jours tout comme aujord'hui,
Tous les habitants du Réduit
Etott'nt din' eun' fameuss' foufelle.
Passant par là, j' vo' un chacun
Habillé su' sin trinte-et-un,
Et chaq' femm' répourer s'n achelle,
Ainsi qu' cha s' fait l' vell' d'un atau.

Ah ça, qu' je m' dis, n'y-a du nouviau,
Ch'est sûr... J'accoste eun' vieill' lachoire,
J' li d'mande l' fin mot de ch'l histoire....
Ell' me vett' d'un air tout surpris
Et m' dit : « Vous n'êt's point de ch' pays ?
Sans cha vous saris qu' Violette,
Parti n'y-ara six an' à l' fiête,
　　　Pour êt' tambour,
Nous a fait savoir l'auter jour
Qu'il arriv'ra aujord'hui même
　　　V'nant d'Angoulême ;
Et qu' veyant cha, tous ses chochons,
Joyeux comm' des couplets d' canchons,
Ont mis tertous leus biell's capottes,
Avant que l' diable euch' mis ses bottes,
Pour s'in aller li serrer l' main',
Du côté du molin d' Léquin,
Et l' ram'ner drot-chi in escorte... »

J' li répond : « Vous m'in dite' eun' forte,
Gra'-mère !... Eh quoi ! pa' c' qu'un garchon
R'vient d'êt' soldat, tout un canton
S' met sens sus-d'sous comme à l' ducasse ?
Vous m'avez pris pour un bonnasse
Qui croirot cha... vous s'abusez.
Sans m' vanter, tel que vous m' veyez,
A trinte ans j'ai quitté m' famille

Pou' partir in colonn' mobile ;
J'ai gaingné les fièves' à Dantzick,
Et j' n'ai point bu un verr' de schnick
Quand j' sus r'venu, sans qu'i m'in coûte... »
— Tiens, tiens, qu'ell' dit, i n'y-a point d' doute,
    S'lon les gins
    On fait les présints...
Vous n' s'appélez point Violette ?
Vous n'êt's point l'amoureux d' Rosette ?
Des homm's comm' vous n'y-in a gramint...
Au reste, acoutez-me un moumint.
De ch' garchon, j' vous dirai l'histoire,
Et vous verrez si vous d'vez m' croire :

« Un matin qüi n' faijot point clair,
Car ch'éto' in plein cœur d'hiver,
Ros'-Magrite, in purant ses chintes
    Sur un mont d' fien,
    Intind chés plaintes :
    Ohein !... Ohein !...
Alors, elle y vette d' pus proche,
Ell' vot qu' ch'éto' un p'tit mioche
    Infacheinné,
    Abadonné.
Il avot l'air de dir' : — Man mère,
Aïez pitié d' mi, de m' misère,
Ne m' laichez point morir drot-chi !...

I n'y-arot qu'un cœur indurchi
Qui porot trouver cha risible,
Et Magrite étot fort sensible.
Ell' prind ch' pauvre infant dins ses bras,
L'importe à s' mason à grands pas ;
Ell' li mé' eun' double facheinne
Pou l' récauffer, ell' l'appoucheinne
  D'sus s'n écour,
Et l' fait boire.... au gob'let de l'Amour,
Car Magrite étot fille et mère...
Alors ell' se dit. « Mais quoi faire
  De ch'l einnochint ?... »
Ell' fait v'nir ses sœurs, ses cousines,
Tous ses connaissanc's, ses voisines,
  Les v'là près d' chint.
Ell' leu dit s'n affaire au pus vite.
Eun' femme alors répond : Magrite,
N'y-a qu'un moyen de s' tirer d' là,
Ch'est d' fair' tous les s'maine' un pourca.
Tant qu'à mi, quoiq' je n' sus point riche,
Si, pour payer les frais de noriche,
I vous faut queq's sous chaq' sam'di,
  Comptez sur mi... —
Et chaq' femme a fait l' mêm' promesse.
Du mêm' jour on a m'né à l' messe.
  L'infant trouvé,
Monsieur l' curé l' l'a baptijé.
On li-a donné l' nom d' Violette,

Pa' c' que cheull' fleur, su' sin lain'ron,
Étot brodée in points d' chaînette,
Avec de l' soie et du coton. »

« J' cros vous avoir dit qu' Ros'-Magrite
Affronté' par un hypocrite,
(Puisqu'il l'avot laichée in plan),
Etot mèr' d'un tout jeune infant;
Eun' fill'. — Rosette et Violette
Ont bu du lai' à l' même chuchette,
Les mêm's lincheux leu-z-ont servi,
Quand l'un a bré, l'aut' n'a point ri,
Au son d'eun' viell' canchon-dormoire,
On les r'muot dins l'ochennoire,
Il' ont su marcher in mêm' temps,
Infin, l' mêm' jour, chés p'tits infants
On dit leu premier mot : *Mémère !!*....
Pus tard, par leu biau caractère,
Il étott'nt insanne invités
Dins les bals, dins les sociétés.
Rosett' roucoulot des ariettes
Avec des tons si biaux, si clairs,
Qu'ell' faijot fisque à les p'tits clercs
    Et l's alouettes.
On laichot là d' boire et d' mainger
    Pou l' l'acouter....

Violett' dijot des pasquilles :
Pour divertir garchon' et filles,
Brûl'-Mason n' volot point mieux qu' li.
Ah ! qu'il a un biau paroli !
Cha paraît si douche à l'oreille,
Qu'on dirot comme l' ritournelle
  D'un rigodon
  Sur un violon. »

« Et v'là comme ch' petit lazare,
Abadonné d'eun' mèr' barbare,
A trouvé l' bonheur su' l' Réduit... »
Cheull' vielle étot là d' sin récit,
Quand l' joyeux son d'eun' clarinette,
D'un tambour et d' des chifflotiaux,
Arriv' de l' ru' des Sahutiaux...
J'y cour', et j' vos p'tit Violette,
Au mitan de Magrite et d' Rosette,
Qui versott'nt des larmes d' plaisi.
Derrière euss', deux chints sans-souci
March'nt au pas comme des vieux d' la garde,
L'un pinch' les boyaux d'eun' guitarde ;
L'aut' fait des grimac's comme un cat ;
Eun' femm' ju' du tambour-muscat ;
Eune aut', qui tient dins s' main s' vaclette,
Dit che r'frain, qu'un chacun répète :

CHANSON DE VIOLETTE.

Air nouveau de l'auteur.

(Noté. — N° 11.)

« Le v'là ! le v'là !
L' p'tit Violette,
L'amoureux d' Rosette,
Le v'là ! le v'là ! ! »

Ch'est bien li, vettiez ch'est li-même !
Qu'il est brav' ! qu'il a l'air gogu !
I n' vient point comm' mars in carême ;
Su l' Rédui' il est attindu.
A s'n honneur on f'ra huit jours de fiête,
On buvra, on dans'ra, on crîra :

Le v'là ! le v'là !
L' p'tit Violette,
L'amoureux d' Rosette,
Le v'là ! le v'là ! !

V'là six ans qu'il est à l'armée,
On peut dir' que nous l' somme' aussi,
Nuit et jour, ch'est l'accoutumée,
On n' cant' pus, on n'a pus d' plaisi.
Mais ch' garchon va nous r'mette in goguette,
On rira qu'à temps qu'on s'in lass'ra...

    Le v'là ! le v'là !
    L' p'tit Violette,
    L'amoureux d' Rosette,
    Le v'là ! le v'là ! !

Comm' dins l' temps, dins nos biell's ducasses,
I nous f'ra rire à déclaquer,
Pa' s'n esprit, comm' par ses grimaces,
Et les tours qu'i sait bien juer.
Si pou' l' Carneval, cheull' joyeuss' fiête,
On veut des couplets, qui-ch' qui les f'ra ?...

    Le v'là ! le v'là ?
    L' petit Violette,
    L'amoureux d' Rosette,
    Le v'là ! le v'là ! !

Quand viendra no' biell' fiête d' Lille,
Vous y verrez ch' malin fichau,
Pus futé qu'un r'nard et qu'eun' fille,

Du mat d' cocane inl'ver l' drapeau.
Pou' s' faire admirer de p'tit' Rosette,
Qui-ch' qui gaingn'ra l' prix de l' course-au-sa?

  L' v'là! le v'là!
  L' p'tit Violette,
  L'amoureux d' Rosette,
  Le v'là! le v'là!!

Final'mint, ch' luron nous rapporte
L' pus biell' des roses d' no' capiau,
Qui, d'puis six an', étot comm' morte.
Pou r'mercier Dieu d'un jour si biau,
Allez donc chifflotiaux, clarinettes,
Et cantons tertous pus fort que cha :

  Le v'là! le v'là!
  L' p'tit Violette,
  L'amoureux d' Rosette,
  Le v'là! le v'là!!

   Fin de la Chanson.

Et ch'est ainsi qu'on a conduit
Violette AU FORT DU RÉDUIT. (1)
Par malheur, la mitan d' l'escorte

(*) Enseigne d'un cabaret dont la création remonte à l'établissement du *Fort Saint-Sauveur* ou du *Réduit*, c'est-à-dire à 1671 et qui existe encore aujourd'hui (1869).

Est resté', faut' de plache, à l' porte
          De ch' cabaret....
Nous avons cangé cha d'un trait.
On a pris les verr's, les canettes,
Les bans, les table' et des lavettes
          Pour les ressuer,
Et quoiq' ch'étot lourd à porter,
Au bout d'un p'tit quart d'heure à peine,
Nous étîme' attablés, sans gêne,
Au pus biau mitan du Réduit; (1)
Nous maingîm's d'un grand appétit
Des sorets, des œués, d' l'andoull' d'Aire,
Du pâté, du fi, des puns-d'-tierre
          Boulis dins l'iau,
Du bon fromache d' blanc-caillo,
Des craquette' et du cras potache.
Car, tous les gins du voisinache
Avott'nt ravagé leu buffet
Pour qu'i n' manque rien à ch' banquet,
Et pour fair' vir à Violette,
Que s'n arrivée éto' eun' fiête....

Aussi ch' garchon riot d' bon cœur,
In nous veyant d' si bonne humeur.
Pour prouver qu'il étot bénache,

(*) Inutile de dire qu'alors le square *Saint-Sauveur* n'existait pas.

I nous a dit : « Comm' min mariache
Avec Rosett', va s' fair' bétot,
J' vous invite à l' noce à l'écot ! »
Alors, on li-a fait la conduite,
Ainsi qu'à Rosette et Magrite
    Jusqu'à s' mason,
In cantant le r'frain de s' canchon :

    « Le v'là ! le v'là !
    L' p'tit Violette,
    L'amoureux d' Rosette,
    Le v'là ! le v'là ! ! »

LES MAFLANTS.

Air : J'arrive à pied de Province,

ou

Si J'étais l'bon Dieu.

Mes amis, ouvrez l'orelle,
   J' vas dir' du nouviau,
On porra tirer l'équelle
   Après min morciau.
Vraimint, j' cros qu' vous allez rire
   Bien dur et longtemps,
Sitôt qu' vous m'intindrez dire
   L' canchon des maflants (*Bis*).

J' vous dirai qu'eun' coss' m'étonne,
　　Aussi j' n'y tiens pus,
Ch'est qu'jusqu'à ch'moumint, personne
　　N'a rien fait là-d'sus.
Car on peut dire à la ronde,
　　Les p'tits comm' les grands,
Qu'à chaq' pas qu'on fait dins ch'monde,
　　On trouv' des maflants (*Bis*).

Eun' fille arrive à l' ducasse
　　Pinsant d' s'amuser,
V'là qu'au bal, un grand bonnasse
　　L' demande à danser.
I prind, pinsant fair' l'aimable,
　　Un air languissant...
Mais s' danseuss' l'invoie au diable
　　In l' traitant de maflant (*Bis*).

Vous s'in allez boire eun' pinte
　　Pour vous délasser,
Un homm' vient; i vous esquinte,
　　A forch' de d'viser.
In acoutant ch' Nicodème,
　　Vous dite' in bâillant,
Et marmottan' in vous-même :
　　« Mon Dieu! queu maflant! (*Bis*).

Du théâte, un jour, l'affiche,
    Promet du nouviau.
J'y cour' et, n'étant point riche,
    Je m' plach' tout in haut.
On juot, vettiez queull' chance,
    Un drame imbêtant !
J'ai traité, pour tout' vengeance,
    L'auteur de maflant (*Bis*).

Quand j'intinds, in fait d' musique,
    L'air de *Brididi*,
Min cœur fait *douq' douq' diq' dique*,
    Et saute d' plaisi ;
Mais si par eun' roucoulade
    Eune espèc' d'arland
Met m's orelle' in marmelade,
    Je l' traite de maflant (*Bis*).

Acoutez cheull' drôl' d'affaire,
    Mais n'in dites rien :
Par eun' nuit, min vieux compère,
    Qui n' dormot point bien,
S'amuse à bajoter s' femme,
    Qui di' in rêvant :
« Ah ! m'n homm' n'est point ch'ti-là qu' j'aime,
    Il est trop maflant ! » (*Bis*).

Mais j' vous ai promis d'avanche
>Bien pus d'burr' que d'pain,
La fin de m' canchon avanche,
>Vous n' déclaquez point.
Puisque je n' vous fait point rire,
>Au lieu d' batte un ban,
Vous n'avez qu'à tertous dire :
>« Queu canteu maflant ! » (*Bis*)

LE CARNAVAL.

Air nouveau de l'auteur.

(Noté. — N° 12.)

A Lill' nous avons des biell's fiêtes :
Saint-Nicolas pour les garchons,
Saint'-Cath'rin' pour les jeun's fillettes,
Saint-Eloi pour les forgerons.
Pour tout l' mond' nous avons l' *Brad'rie*,
Lundi-d'-Paq's, Sainte-Anne et l' *Broqu'let*....
On y peut rir' tout à s'n invie,
Quand on a d' quoi dins sin saclet.

Mais l'atau qui n'a point d'égal,
    Ch'est l' Carneval! (*Bis*).

L' Carneval est comme ch'l l'imache
Qu'on appelle *l' monde rinversé*,
Uch' qu'on vot l' pourchau à l'ouvrache,
Copant l' charcutier trépassé.
Ainsi, l' balou qui n' sait point dire
Tros fos : *du pain*, fait l' charlatan ;
Un homme' sérieux n' décess' point d' rire ;
Un richard fait l' marchand de faltran !

Ah ! l'atau qui n'a point d'égal,
   Ch'est l' Carneval ! (*Bis*).

Comm' dins ch' monde i n'y-a que l' richesse
Qui nous donne un air important,
L' rattacheus' vodrot v'nir duchesse,
Et l' babenneu rêv' d'êt' sultan.
Cheull' sotte idé' nous tourne l' tiête
Chinq mos sur six, et ch'est pourquoi,
Qu'on dépins' tout, quand vient cheull' fiête,
Afin d'avoir l'air d'un n' séquoi.

Ah ! l'atau qui n'a point d'égal,
   Ch'est l' Carneval ! (*Bis*).

Aussi ch'est eun' fureur, eun' rache :
Pour avoir un costum' brillant,
Un biau capiau avec pleumache,
Pus d'un porte des nippe' in plan.

On vot des gins (ch'est à n' point croire),
Payant l' plaisi d' bien s'arrainger,
Huit jours, n'avoir que d' l'iau à boire,
Et rien qu' du pain sec à mainger.

  Ah! l'atau qui n'a point d'égal,
  Ch'est l' Carneval! (*Bis*).

Acoutez! j' cros qu' j'intinds l'gross'-caisse,
Ch'est un kar de triomph' qui vient...
Vettiez! tout in haut, v'là l' SAGESSE (*)
Toute ajoulié'... Comme ell' se tient!
Je l' connos, cheull' fill' qui s' pourmire
Dins ses habits, s' couronn' de fleurs...
Marchande, ell' vind, j' peux bien vous l' dire,
Des bonnets, ruban', et.. faveurs.

  Ah! l'atau qui n'a point d'égal,
  Ch'est l'Carneval! (*Bis*).

Après l' prom'nade, on cour' à l' danse.
Ch'est là qu'on s'amuse et qu'on rit!
On tach' d'avoir euu' biell' prestance,
Et d' fair' vir qu'on n' manq' point d'esprit.
Un *duc* di' à *s' princesse*, eun' rousse :
« Vous soupirez?... » Ell' li répond :

(*) Presque toujours, en haut du char, il y a un personnage allégorique

« Mi, soupirer?... Non, ch'est que j' tousse.
Cha t' f'rot trop d' plaisi, grand capon!... »

  Ah! l'atau qui n'a point d'égal
  Ch'est l' Carneval! (*Bis*).

J' n' dirai qu'un mot de l' coutume
Qu'on a d'aller *tirer l' canard*. (*)
Vettiez cheull' fille in biau costume,
Qui tient dins s'menotte un poingnard.
Les yeux baindés, l' démarche fière,
Ell' tu' l' canard, malgré ses cris.....
Victoire!.... elle a gaingné l' caf'tière!....
Ch'est ordinair'mint l' premier prix.

  Ah! l'atau qui n'a point d'égal,
  Ch'est l' Carneval! (*Bis*).

(*) Voir une note concernant cette coutume dans notre premier volume, page 63, édition Danel; 1865.

LE BONNET DE COTON.

PASQUILLETTE

Dédiée à mon ami Albert DUPUIS, Avocat.

Mari'-Christine a marié s' fille
Avec un jeune et joyeux drille,
  Lundi passé.
Je n' vous racont'rai rien de l' noce,
Car i n' s'a point passé grand cosse
Qui vaut la pein' d'ête r'marqué.
Nous étime' à peu près quarante.
On a pris l' guertier de l' mariante ;
On a mié de l' vaq', du gigot ;
On a bu à tir'-larigot
Du schnap, du café, de l' bonn' bière,
Au point qu'pus d'un a queu par tierre ;

On a canté in vrai platiau,
Tout cha n'est ni rar', ni nouviau.
Mais l'histoir' que j' m'in vas vous dire,
Et qui, j'espèr', vous f'ra bien rire,
N'est arrivé', j'in sus certain,
Qu'au mariach' du p'tit Célestin
Avecque l' fill' Mari'-Christine.

Marie-Christine étot chagrine,
Quand, s' fillette, elle a vu partir,
Avé s'n homm', pour aller dormir.
Ell' se dijot, cheull' bonn' mérotte :
« Mon Dieu, quoi-ch' que va dir' Charlotte ?
Dins cheull' cambre, inserré' à deux!
Ell' rougira qu'au blanc des yeux,
Car ch'est eun' fill' si ombrageusse!...
J' pariros qu'elle est pus péneusse
Qu'eun' soris dins les patt's d'un cat!... »
Et l' bonn' Christine, in dijant cha,
Marche sans bruit, arrive à l' porte
D l' cambre d' ses infants. In sortè
Qu'elle intind Célestin qui dit :
« Ah queu malheur !... il est trop p'tit!... »
— Trop p'tit ?... répèt' Mari'-Christine,
Faijant dins l'ombre eun' vilain' mine,
Eh ! mon Dieu ! d' quoi-ch' qu'i parle donc ?...—
Elle acoute incore, et ch' luron

R'dit : « Gramint trop p'tit !... j' m'esquinte
Inutil'mint !... » Riant d' cheull' plainte,
Christin' dit : « V'là, parol' d'honneur,
L' premier qui s' plaint d'un tel malheur ! »
In ell'-même, ell' n'in faijot qu' rire.
— « Il est trop p'tit !... mais bah ! tant pire,
J'ai là min p'tit coutiau d' filtier
Qui m'aid'ra bien à l' rajuster !...
Ch'est dit, j'y vas fair' des intalles !... »

Christin' sint r'muer ses intralles.....
Ell' crie : « Arrête !.... arrêtez ! par pitié !!.

Infonçant l' porte à grands cops d' pié,
Elle intre comme eun' vrai' furieusse !...

Mais là, cheull' femme est tout' péneusse,
D' vir, près du lit, sin biau garchon
Qui découd sin bonnet d' coton !!!

LIQUETTE.

Air nouveau de l'auteur.

(Noté. — N° 13.)

J'ai d' l'amour pour eun' fillette.
C'est point pour Mari'-Zabette
Malgré qu'elle a des gros sous;
Ch'est point pou l' fille à Gros-Jacques.
Qui m'a donné des œués d' Pâques,
Des chériche' et des croq'-poux ;
Incor moins pour cheull' crass' veufe
Qui met min cœur à l'épreufe
In m' faijant ses yeux gadoux...

    Ch'est Liquette,
  Qui tourne m' tiête,
Et qui m' forchera d'aller
Faire un p'tit tour à Lomm'let.

Ah ! ch'est eun' fill' sans parelle !
On n'in vot point d'aussi bielle
Su l' *Plachett'*, ni su' l' *Réduit*.
Ses deux yeux quand ell' vous r'vette,
Ont l'air d'eun' gross' mourmoulette
Qui nage au-d'sus d' l'iau qui l' cuit ;
Ses dints sont couleur d'ivoire,
Et ses ch'veux, vous pouvez m' croire,
Noirs comme un angnon confit...
  Ch'est Liquette,
 Qui tourne m' tiête,
Et qui m' forchera d'aller
Faire un p'tit tour à Lomm'let.

On f'rot l' tour des six paroisses,
Avant d' trouver des grivoisses
Avec un si bon bagou.
Et su' ch' point-là, les r'vind'resses,
Les r'passeusse' et les buresses,
Près d'elle n' sont point l' Pérou.
Aussi, quand ell' se dispute,
On poursuit l'aut' dins s' cahute,
In criant : *Ehou ! éhou !!*
  Ch'est Liquette
 Qui tourne m' tiête,
Et qui m' forchera d'aller
Faire un p'tit tour à Lomm'let.

Faut l' vir quand elle est à l' danse :
On dirot, veyant s' prestance,
L' tambour-major des Hurlus.
Après, v'là qu'elle se dérate,
Car elle fait comme au théâte,
Des écarts, des j'tés-battus,
Des balonnets, des courbettes,
Des mouch'tés, des pirouettes,
Des pas d' bouré', des saluts.
  Ch'est Liquette,
 Qui tourne m' tiête ;
Et qui m' forchera d'aller
Faire un p'tit tour à Lomm'let.

Dins les noce' et les r'vidiaches
Ell' rind tous les gins bénaches
In cantant des biaux morciaux.
I n'y-a point d' danger qu'ell' triche,
Car elle porot fair' du piche
Au pus malin des ojeaux,
Un d' fini, n'in v'là deux autes,
Ell' sait comm' ses paternotes,
Tous les canchons d' Desroussiaux !
  Ch'est Liquette,
 Qui tourne m' tiête,
Et qui m' forchera d'aller
Faire un p'tit tour à Lomm'let.

Mais tout cha l' rind difficile.
Croirez-vous qu' cheull' drôl' de fille
N' veut qu' d'un amoureux d' six pieds ?
Elle a r'fusé faut' de talle,
Un des pus grands marchands d' palle,
Deux cordonniers, tros tripiers,
Quat' fabricants d'alleumettes,
Chinq marchands d' lit' à roulettes,
Six tailleur' et siept fripiers !
    Ch'est Liquette,
  Qui tourne m' tiête,
Et qui m' forchera d'aller
Faire un p'tit tour à Lomm'let.

Ell' a, chin qui m' désespère,
Un cœur pus dur que Copierre. (*)

(*) Dans son *Dictionnaire du Patois de la Flandre Française ou Wallonne*, notre regretté ami Louis Vormesse, en citant ces deux vers, a écrit ce qui suit : « COPIERRE. Ce mot dont nous ignorons la provenance, s'emploie dans les phrases de la nature de celles-ci: *Il est dur comme Copierre. Il a l' cœur pus dur que Copierre.* Peut-être est-ce une contraction de *dur comme les pierres.* »

Nous avons nous-même employé ce mot sans en connaître l'origine. On nous a dit depuis qu'un criminel du nom de Copierre, longtemps détenu à l'ancienne prison St-Pierre, a dû être exécuté à Lille.

Dans une chanson intitulée *Le Décapité* (épisode de l foire de Lille) vendue et chantée dans les rues de notre ville le jour du mardi gras de l'année 1869, un ouvrier, M. Julien Grimonprez, décrit l'entrée de la baraque, dit qu'il n'y faisait pas clair et que

« Ch'étot comme l' cachot *Copierre.* »

Quand j' li parle d' nous marier,
Ell' me vett' d'un air tout drôle,
Et m' dit : « Vous v'nez qu'à m'n épaule,
Et vous n'êt's qu'un p'tit filtier !...
Vous d'vez bien savoir, Prud'homme,
Qu' je n' vodros jamais d'un homme
Comme eun' bott' de cavalier ! »
    Ch'est Liquette
  Qui tourne m' tiête,
Et qui m' forchera d'aller
Faire un p'tit tour à Lomm'let.

LES AMOURS DU DIABLE

ET DE L' FILLE D'UN PORTE-AU-SA.

RONDE.

Air : Un jour à la promenade. (Vieille ronde lilloise.)

J' vas dire eun' coss' véritable,
Et personne n' me croira,
Car ch'est les amours du diable,
Tra deri dera, deri dera,
  Eh lon la la !
Car ch'est les amours du diable,
Avé l' fill' d'un Porte-au-sa.

Cheull' fille étot si coquette
Qu'ell' révot d' fleurs, soie et v'lours.
Ell' dijot : Pour eun' toilette,
Tra deri dera, deri dera,

Eh lon la la !
Ell' dijot : Pour eun' toilette,
J' donn'ros la mitan d' mes jours.

L' diable intendant ch' biau langache,
S'habill' comm' un maît' filtier,
Monte in caroch' de louache,
Tra deri dera, deri dera,
Eh lon la la !
Monte in caroch' de louache,
Et dins s' cave i vient l' trouver.

I li dit : « Bonjour Mamzelle !
A m' mason j'ai tant d'écus
Qu'on peut les r'muer à l' pelle,
Tra deri dera, deri dera,
Eh lon la la !
On peut les r'muer à l' pelle,
Comm' des puns-d'tierre au pacus. »

« Avec des écus, jeun' fille,
On a des bonnet' à fleurs,
Des biaux rubans, d' l'or qui brille,
Tra deri dera, deri dera,
Eh lon la la !
Des biaux rubans, d' l'or qui brille ! »
Des habits d' tous les couleurs ! »

« On a des q'vas, des caroches,
Des domestique', eun' mason.
Au lieu de n' ronger qu' des oches,
Tra deri dera, deri dera,
  Eh lon la la !
Au lieu de n' ronger qu' des oches,
On maing' tout chin qu'i n'y-a d' bon. »

« Alors chacun vous admire,
Trouv' que vous avez d' l'esprit ;
S'i vous plaît seul'mint d' sourire,
Tra deri dera, deri dera,
  Eh lon la la !
S'i vous plaît seul'mint d' sourire,
Tout l' monde autour de vous rit. »

« Et pour avoir cheull' fortune
Vous n'avez qu'à dire un mot...
Puisqu'i n' fait point clair de lune,
Tra deri dera, deri dera,
  Eh lon la la !
Puisqu'i n' fait point clair de lune,
Partons vite in much'-tin-pot. »

Après cheull' dernièr' parole,
L' fillett' rimpli' d'ambition,
Comme un ojeau de s' guéole,

Tra deri dera, deri dera,
    Eh lon la la !
Comme un ojeau de s' guéole,
Ell' parte avecque ch' démon.

Eun' heure après sin vieux père
Dins s' cave étant deschindu,
Comme un infant n'a fait qu' braire,
Tra deri dera, deri dera
    Eh lon la la !
Comme un infant n'a fait qu' braire,
Et l' lind'main i s'a pindu.

Ch'l histoir' deviendra croyable,
Pou' ch'ti qui pinse un p'tit peu,
Car tout l' ma nous vient du diable,
Tra deri dera, deri dera,
    Eh lon la la !
Car tout l' ma nous vient du diable,
Comme l' bien vient du bon Dieu.

LE BROQUELET D'AUJOURD'HUI.

Air nouveau de l'auteur.

Chaq' jour on intind
Dir' qu'i n'y-a pus d' bielle fiête à Lille,
Et même, on prétind
Que l' Broq'let n' donn' pus d'amus'mint.
Mi, quand j'intinds cha,
J' me r'mue aussi fort qu' eune anwille,
Et j' réponds : Ah ça !
Quoi-ch' que vous volez dir' par là ?
Est-ch' qu'on n'y cant' pus ?
Est-ch' qu'on n'y dans' pus ?
Est-ch' qu'on n'y rit pus ?
Veyons, dit's chin qu'on n'y fait pus ?

Non, non, tel qu'il est,
L' Broq'let } Bis.
N'est pas d'jà si laid !

Si vous s' pourmenez
L' vell' de ch' biau jour su' l' petit plache,
J' réponds qu' vous verrez
Quarant' marchands d'fleur' étalés,
Car fille u garchon
Qui veut faire un biau bistocache,
Fait là s' provision
D' biell's petit's fleurs, qui sint'nt si bon.
On donne avec cha,
Du bon chocolat . . . .
Ch'est point si jobard,
Car on est sûr d'in boire s' part.

Non, non, tel qu'il est
L'Broq'let
N'est point d'jà si laid !

Dins tous les Lombards
Les écrivains sont à l' foufelle ;
I fait'tent chinq quarts
Pour dégager mouchos, foulards,
Patalons, capots,
Ecourcheux d'soi', gants d'filoselle,
Capotte' et sarraux,
Car tous chés gins veutt'nt êt' farauts.
Tout cha reste in plan
Pus d'huit mos par an,
Aussi, chés habits
Faitt'nt su' leus corps tros chint mill' plis !

Non, non, tel qu'il est,
L'Broq'let
N'est point d'jà si laid !

Si vous èt's curieux,
Passez, l' matin, par la Commune,
Vous verrez, joyeux,
Arriver des mass's d' amoureux,
L' gousset peu garni,
Car l'amour est tout leu fortune
Chés gins sans souci,
Vont dire à monsieur l' maire : *Awi ! !*
Pus tard, i maing'ront,
Dans'ron' et buvront...
On n'sara qu'après
Ch'ti-là qui peut payer les frais.

Non, non, tel qu'il est,
L'Broq'let
N'est point d'jà si laid !

Si vous s'in allez
Dins les fourbourgs, même à Wazemmes,
Pour sûr, vous verrez
Les cabarets pleins comm' des œués.
Intrez-y, chochons,
Vous intindrez des homm's, des femmes,

Canter des canchons
A fair' du piche à des pinchons ;
Mêm' des nouviau-nés,
Quoique infachennés,
Veut'nt in faire autant....
Malheureus'mint, ch'est in brayant.

Non, non, tel qu'il est,
L'Broq'let
N'est point déjà si laid.

Vite à *l'Alcazar*,
Rimplachant *l' Nouvielle-Avinture*,
Pauvres, comm' richard,
Aimant l'gaîté, partez sans r'tard. (1)
Vous verrez danser,
Polker, galopper su' l'verdure,
Des danseux brond'ler,
Se r'lever vite et r'galoper.
L'musiq' vous inl'v'ra,
Quand ell' vous jûra,
L'air du *P'tit Quinquin*,
Avé l' voiss' des danseu' au r'frain.

(*) Ce couplet commence ainsi dans les précédentes éditions :
Continuez vo' q'min,
Tout jusqu'à *L' Nouvielle-Avinture*.
Là, j'in sus certain,
Vous s'amus'rez jusqu'au matin.
La démolition de la *Nouvelle-Aventure* a nécessité cette modification.

Non, non, tel qu'il est,
L' Broq'let
N'est point d'jà si laid !

Pindant tros quat' jours
Vous verrez l' même r'mu'-ménache,
Dins les ru's, les cours,
On s' plaindra qu' chés jours sont trop cours.
Après cha, sans r'gret,
Pus d'un r'port'ra ses nippe' in gache,
Bien contint, si l' prêt
Met du pain, du burr', dins l' buffet;
Et puis pour finir,
I rest'ra l'souv'nir,
Jusqu'à l'an prochain
On répèt'ra soir et matin :

Non, non, tel qu'il est,
L' Broq'let
N'est point d'jà si laid !

LA MORALE DE ROGER-BONTEMPS.

Air : C'est l'eau qui nous fait boire du vin.

Du gros Roger-Bontemps,
Vous connaîchez l'histoire,
Car elle est dins l' mémoire
D' gramint d' gins d' puis longtemps.
Souvint, sans sous ni malle,
Mais gai, comm' des pinchons,
I répétot s' morale :
   « Buvons,
      Rions,
      Cantons ! »   *Bis*

Et puisque ch' paroissien ,
Par sin biau caractère,
Dins ch' bas monde, a su faire,
Sin **bonheur**, n'aïant rien.
Pernons ch' luron pour maîte,

Et, profitant d' ses l'çons,
Répéton' à tu'-tiête :
    Buvons,
    Rions,
    Cantons!

Et si l' malheur survient
Avé s'n air effroyable,
Pour s'assir à no' table
Uch' que l' plaisi nous r'tient,
Au lieu d' veršer bien vite.
Des larme' à gros bouillons,
Pour que l' malheur nous quitte,
    Buvons,
    Rions,
    Cantons !

J'avos vingt an' et d'mi.
J'apprinds que m' biell' maîtresse,
M'a brûlé l' politesse
Avec un pus laid qu' mi.
D'abord, cha m'rind tout chosse...
Mais, j' fais des réflexions,
Et j' dis : « Ch'est bien peu d' cosse !...
    Buvons,
    Rions,
    Cantons ! »

J' viens d'hériter d'un fieu,
M' femme étot toute in rache,
Mi, lon qu' cha m' décorache,
J'ai dit : « Va, du bon Dieu
Que l' volonté soich' faite !
Et n'aïant ni lain'rons,
Ni pichoux, ni loquette,
    Buvons,
    Rions,
    Cantons ! »

Du gros Roger-Bontemps
Les consels sont utiles,
Soyons donc, mes bons drilles,
Tous ses joyeux infants.
Pour que jamais l' tristesse
N'arrive à nos masons,
Nous répèt'rons sans cesse :
    Buvons,
    Rions,
    Cantons !

LES DEUX GAMINS.

SCÈNE DE MŒURS ENFANTINES.

A MM. Oscar Doutrelon et Gustave Catteau (*).

Le gamin de Lille entre en scène. Il a sur le dos un cerf-volant; il tient en main une toupie qu'il se dispose à faire tourner; il marche en boitant et en chantant ce refrain populaire :

(Noté. — N° 1.)

U allez-vous gra-mèr' boiteusse?
    Milefin *(bis)*.
U allez-vous gra-mèr' boiteusse?
    Millefin, parfin.

(*Parlé.*) Ah! ah! ch'est aujourd'hui dimanche, j'espère que j' vas bien m'amuser : j'ai eun' porclte qui tourne comme eun' girouette ; un biau dragon qui va dire bonjour à les neuaches; tros douzaines de quecques et eune eparnemale de quinz' jours qui monte à dije-huit sous. J' n' m'ai jamais vu si riche, et s'il est vrai, comme l' dit m' mère, que l'iau s'in va toudi' à l' rivière, j'espère d'ête bétot millionnaire... Ah! j' les attinds chés malins jueux du Réduit.... l' prémier qui s' présinte, j' vas l' dépleumer comme un canard.

(*) Ces jeunes gens ont joué maintes fois en public cette petite scène avec beaucoup de verve et d'intelligence.

(Le gamin de Paris entre en chantant.)

Refrain de la chanson du Gamin de Paris.

(Noté. — N° 2.)

Tra deri deri,
V'là l' gamin d' Paris,
Qui vit sans souci,
Et n' connaît pas la dépendance ;
Tra deri dera,
De c' que l'on dira,
Il se moquera et puis voilà !
La !

(*Parlé.*) Oui, voilà l' gamin d' Paris qui s'amuse comme un colimaçon hors de sa coquille... A quoi donc a pensé mon père de venir travailler dans ce pays-ci. Je n' sais si ça l'amuse, le cher homme, mais à coup sûr il n'y a dans c'te bicoque de ville aucun plaisir pour un vrai Pantinois... Si tant seulement j'y rencontrais un *pantre* (*) pour lui faire une partie d' bouchon et lui gagner tout son *pognon* (**) j' prendrais mon mal en patience (*Il aperçoit le gamin de Lille*). Eh ! justement, c'est l' ciel qui me l'envoie, comme on dit à l'Ambigu... Oh ! c'te binette !... Est-il rupin !... il ne ressemble pas mal à l'amour avec son cerf-volant su' l' dos... qu'il accepte ma partie, et il aura ben d' la chance s'il ne ressemble pas ce soir à un p'tit Saint-Jean !

(*Pendant ce monologue le Lillois lance sa toupie et la fait tourner dans sa main.*)

LE LILLOIS (*à part*).

Quoi-ch' qui berdoulle ch' Parisien.

LE PARISIEN (*s'adressant au Lillois*).

Dis-donc, moustique ! as-tu du sonnant ? (***)

LE LILLOIS.

Hein ! quoi-ch' te dis ?

(*) Niais.
(** et ***) Argent.

LE PARISIEN.

As-tu du sonnant ?

LE LILLOIS.

Du sonnant !... est-ch' que te m' prinds pour cun' cloque ?

LE PARISIEN.

Eh non ! tu n' comprends pas.... as-tu de c' qui s' pousse ?

LE LILLOIS.

D' chin qui s' pousse !.... awi, j'ai min père qui pousse eune vinaigrette !...

LE PARISIEN (*impatienté*).

Ah ça ! mais tu ne connais donc pas ta langue ?... du sonnant... c'est de c' qui s' pousse.... de c' qui s' pousse, c'est... c'est du sonnant ! parbleu ! est-il bonnot, c' paroissien-là !.... (*Il chante*).

Air du Carnaval (Même volume).

(Noté. — N° 12.)

Refrain.

Grands dieux qu' les Lillois sont balourds !
    Ah qu'ils sont lourds ! *(Bis)*.
Qui les connaît, dira toujours :
    Ah ! qu'ils sont lourds ! *(Bis)*.

LE LILLOIS *(chante)*.

Refrain.

Ah qu' les Parisiens sont balous !
    Qu'i sont balous ! *(Bis)*.
J' les donn'ros tertous pou' quat' sous.
    Sont-i balous ! *(Bis)*.

LE PARISIEN.

Couplet.

Si vous leur parlez de *c' qui s' pousse*,
Ils croient qu' c'est un assaisonn'ment ; (*)

(*) Vinaigrette.

L' bruit d'un' cloch, qu'on tire ou qu'on r'pousse,
Est pour eux c' qu'on appell' *sonnant*...

LE LILLOIS.

Si vous leu parlez d' *vinaigrette*,
I ditt'nt ch'est un assaisonn'mint ;
Si vous leu parlez d'eun' cloquette,
Ch'est pour euss' comme un mot d' flamind...

ENSEMBLE.

Refrain.

LE PARISIEN.	LE LILLOIS.
Grands dieux qu'les Lillois sont balourds ! Ah qu'ils sont lourds ! (*bis*) Qui les connaît dira toujours : Ah ! qu'ils sont lourds ! (*bis*).	Ah ! qu' les Parisiens sont balous ! Qu'i sont balous ! (*bis.*) J' les donn'ros tertous pou' quat' sous Sont-i balous ! (*bis.*)

LE PARISIEN (*à part*).

Il faut pourtant ben, faute de mieux, que j' m'amuse avec cet iroquois !...

LE LILLOIS (*à part*).

In attindant mes comarades, j' vodros bien li faire eun' partie tout d' même à ch'ti-là...

LE PARISIEN (*haut*).

Eh ben ! voyons, veux-tu faire une partie d' *gadin* ...(*)

LE LILLOIS.

Gadin !... j' n' connos point ch' ju là.... Si te veux juer à la galoche, à la bonne heure !...

LE PARISIEN.

Oui ! si tu m'apprends ce que c'est que la *galoche*.

LE LILLOIS (*lui montrant un bouchon*).

La galoche ? tiens vette, ch'est cha.

(*) Bouchon.

LE PARISIEN.

D'accord, c'est c' qu'on appelle *gadin* en bon français.

LE LILLOIS (*lui jetant le bouchon*).

Allez !... plante l'bouch'nick !... (*Le Parisien pose le bouchon à terre*). Ch'est cha... Faijons vir pou' les premmes.

LE PARISIEN.

Pour le *preu*, veux-tu dire...

LE LILLOIS.

Preu ou *premmes*, vaut-i point la peine de dédire un chav'tier pour un point ! Allez !... PILE OU CROX ?... (*Il jette un sou en l'air*).

LE PARISIEN.

Tête !...

LE LILLOIS.

Il est crox, t'as perdu !!...

LE PARISIEN.

Il est tête !

LE LILLOIS.

Est-ch' que j' t'ai parlé d' tiête ?... J'ai dit : PILE OU CROX ?... t'a répondu : *tiête* !... t'a perdu, tant pir' pour ti si te n' comprinds point l' français.

LE PARISIEN.

Mais fichu mastoc ! puisque dans ton jargon *crox* c'est *tête*, en disant *tête* c'est comme si j'avais dit *crox* !...

LE LILLOIS.

Ch'est cha, comme *jus-vert* et *verjus*, énon ! mais j' n'intinds point de ch' l'orelle-là, dà, mi ! T'es-t'-un étrivette, et te mérit'ros bien d'avoir les cloquettes.

LE PARISIEN.

J'ai ben l'envie de t'coller une bafre !...

LE LILLOIS.

Et mi de t' donner un claquot !...

LE PARISIEN.

Prends-y garde!.... d'un coup d' chausson j' te démolirais la paillasse et je m' ferais une paire de jarretières avec tes boyaux!...

LE LILLOIS.

Si j' n'avos point pitié de t' piau, gaspiau, d'un croch'-pied j' te rétinds par tierre, pou' t' faire boire eune goulée dins l' richo...

LE PARISIEN.

Je crois qu'ii riposte, ma parole d'honneur! (*chantant*).

Même air.

Couplet.

Ah! c'en est trop! un pareil môme, (*)
Avoir le front d' me résister!...

LE LILLOIS.

Attinds garchon! te vas vir comme
J' m'y prindrai pou' t' décarcasser!....

LE PARISIEN.

Allons fais l' mort! si tu m'embêtes,
J' veux t' manger en guis' d'haricots!...

LE LILLOIS.

Mi j' veux m' faire eun' pair' de cliquettes,
Avec les gros och's de tin dos!...

ENSEMBLE.

Refrain.

LE PARISIEN.	LE LILLOIS.
Grands dieux qu'les Lillois sont balourds!	Ah! qu' les Parisiens sont balous!
Ah! qu'ils sont lourds! (*bis.*)	Qu'i sont balous! (*bis.*)
Qui les connaît dira toujours:	J' les donn'ros tertous pou' quat'sous,
Ah! qu'ils sont lourds! (*bis.*)	Sont-i balous! (*bis.*)

(*) Enfant.

LE PARIRIEN (*outré de colère*).

Allons! faut qu' ça finisse! en garde!!! (*Il prend une position de maitre de savate*).

LE LILLOIS (*se moquant de lui*).

Vette ch'ti-chi!... i s' met à croucrou pou' batiller!.... Ah! qu'il l'a drôle!... Eh ben! garchon, te peux t' vanter d'ête bien planté pou' raverdir! Tiens, si j'avos l' gross' brouche d' min cousin l' barbouilleu, j' vodros faire tin portrait! Cha n' fait rien, va, je l' f'rai d' souvenance: j' n'arai qu'à prinde pour modèle un poêle de corps-de-garde, ch'est tin portrait tout craché!...

LE PARISIEN (*se relève tout penaud et dit, à part*).

Dame! avec son air bonasse, si je m' fâche, il aura les rieurs pour lui! Changeons de rôle... (*Haut*). Déc.dément, je pense qu'un coup de chausson ne t' sourit guère. N'en parlons plus, mais faut pourtant ben que nous rigolions un peu, puisque c'est dimanche.

LE LILLOIS.

Je n'demande point mieux... Si te veux nous juerons à *qnecques!*

LE PARISIEN.

A qnecques?... qu'est-ce que c'est que c' te bête-là? ça va-t-i sur l'eau?

LE LILLOIS.

Te v'là, tiens! te fais l' malin, te gasconnes, et te n'sais point seul'mint chin qu' ch'est qu'des qnecques... Tiens vette in v'là des qnecques! (*Il lui en montre.*)

LE PARISIEN.

Ça! des *qnecques!* des gobilles!

LE LILLOIS.

Dégobille!... dégobille ti-même!... in v'là un malprope!

LE PARISIEN.

Entendons-nous. Je te dis: ce sont des gobilles, il n'y a rien de malpropre là-d'dans, pardine!

LE LILLOIS.

Ah! gobilles!... cha n' fait rien, je n' poros jamais m'habituer à ch' mot-là!.... Tiens, *vas-y des deux*, cha vaudra mieux! (*Le Parisien joue; il gagne*).

LE LILLOIS.

Tout d'dins!... Cristi, te jues mieux qu' te n' parles. — *Donne des six.* (*Il joue.*)

LE PARISIEN.

Trois dehors! perdu!...

LE LILLOIS.

Halte-là, min fieu! et cheull' *dorse*, te l' comptes pou rien!...

LE PARISIEN.

Hein! comment dis-tu?

LE LILLOIS.

Te n' vos point, là, cheull' *dorse*?

LE PARISIEN.

C'est-à-dire que j' vois une *gobille* au bord du trou.

LE LILLOIS.

Ch'est cha, t'y es! ch'est cun' *dorse*, pou mieux dire, eun' quenecque qui *dort*.

LE PARISIEN.

En voici ben d'une autre!... Mais enfin, qu'elle dorme ou non, elle n'en est pas moins dehors?...

LE LILLOIS.

Ah! v'là qu' te n'y-es pus du tout.... eun' *dorse* a biau ête dehors, elle est d' dins tout d' même .. Quand cha s'ra différamint l' diable march'ra à béquilles et les poule' aront des dints.

LE PARISIEN.

En v'là t-i une balançoire!.... avec ça que j' n'ai plus d' gobilles!...

LE LILLOIS.

Quoi! t'es déjà ruiné! eh ben! t'as point fait long fu!... Cha n fait rien, va, j'sus bon infant, vas-y des *cun'* pour la crache.

LE PARISIEN.

Merci... j'ai déjà ben assez craché au bassinet comme ça ; j'en veux plus d' tes quecques ! que le tremblement les enlève et toi avec.

LE LILLOIS (*d'un ton flegmatique*).

Te v'là incor eun' fos parti pou' l' village de *Faches*... Fais-y attintion, sais-te ! à Lille i n'y-a que l' plaisi qui nous fait vive ; si te n' veux point prinde eune aut' route, te viendras langreux comme un cat qui a un vier dins s' queue....

LE PARISIEN.

Et comment veux-tu que j' m'égaie ? je n'entends rien à tes balivernes ; ton langage me scie l' dos autant qu'une lime m'agace les dents ; ta manière de jouer avec les *dorses* et ton *pile* ou *crox* pourrait mieux que le jeu d'oie se dire renouvelée des *grecs*, sans calembour !... enfin...

Même air :

Couplet.

Tu n' sais pas *jaspiner bigorne* (*)
Encor ben moins *dévider l' jar* ; (**)
Tu restes planté comme un' borne,
Au lieu d' gambiller en chicard.
Nous, Pantinois, pour la harangue,
Nous valons tous un p'tit Dupin.
Vous, Lillois, votre pauvre langue
Ne peut dire, en français, *du pain*.

ENSEMBLE.

LE PARISIEN.	LE LILLOIS.
Grands dieux ! qu'les Lillois sont balourds !	Ah ! qu' les Parisiens sont balous !
Ah ! qu'ils sont lourds ! *(bis.)*	Qu'i sont balous *(bis.)*
Qui les connaît dira toujours :	J' les donn'ros tertous pou' quat' sous,
Ah ! qu'ils sont lourds ! *(bis.)*	Sont-i balous ! *(bis.)*

(*) Parler français.
(**) Parler argot.

LE LILLOIS.

Te parles là comme eun' pie borne ;
Si je n' sais point *dévidier l' jar*,
Incor moins *gaspiller bigorne*,
J'in sus point du tout fâché, car
Avec min platiau, mi, j'espère
Fair' rir' même un homme du Maroc ;
Ti, tin biau jargon n' porot plaire
Qu'à Mandrin, Cartouche et Vidocq.

Ah ! que les Parisiens sont balous !
    Qu'i sont balous ! *(Bis)*.
J' les donn'ros tertous pou' quat' sous,
    Sont-i balous ! *(Bis)*.

(*Parlé*.) Mais tout cha ch'est des bêtises ! ta' mieux pour ti si t'as d' l'induc et d' l'instruc et si te parles comme un maît' d'école ! Tant qu'à mi, quand j'ai queuq' sous dins m' tasse, un dragon, des quecque' et eun' porette, le Roi n'est pus min cousin !... Reste là, te verras si avec tin biau parlache te peux t'amuser tout seu... Mi, j' m'in vas su' l' Réduit tacher d' rire eun' bonne fo' avec mes comarades !...

LE PARISIEN.

Eh ! mais, dis donc ! me prends-tu pour un muffle, que tu veux me planter là comme une méd'cine ?... J'y vas aussi moi au Réduit ; et pardienne ! si, comme tu l' dis, il y a d' quoi rire, tu verras que je n' donne pas ma part aux chiens ?...

LE LILLOIS.

Si n' y-a d' quoi rir' su' l' Réduit ? mais min fieu, l' Réduit et l' paradis cha n' fait qu' deux.

LE PARISIEN.

Raison d' plus, alors, pour que j'y aille !... Eh tiens ! faisons la paix ! pour te prouver que je suis un bon *zigue*, mettons nos boursicots en commun, et, l'union faisant la force, nous *paumerons marrons* (*) tous les joueurs de *galoche*.

(*) C'est-à-dire, nous les gagnerons, nous les *enfoncerons*.

LE LILLOIS.

Ch'est cha! nous f'rons par' à deux, et si nous avons l'bonheur
de gaingner, nous irons boire eun' canette et mainger des couq'-ba
ques à l'cave des *quat'-martiaux*, à l'santé des arlands.

LE PARISIEN.

C'est dit! à nous deux! à la vie, à la mort.

FINAL.

Air : Gai, gai, gai, mon officier.

(Noté. — N° 3.)

ENSEMBLE.

Refrain.

LE PARISIEN.	LE LILLOIS.
Dri, dri, dri, deri, deri!	Dri, dri, dri, deri deri!
Plus d'lutte,	Pus d'lutte,
Plus d'dispute;	Pus d'dispute;
Dri, dri, dri,	Dri, dri, dri,
Soyons amis	Soyon' amis
Comm' deux gamins d'Paris.	Comm' deux garchons d'Paris.

Couplet.

LE PARISIEN.

N'ayons plus de chicane,
Ne nous fâchons de rien.

LE LILLOIS.

Soyons toudi' insanne,
Comm' Saint-Roch et sin quien.

ENSEMBLE.

Dri, dri dri, etc.

LE LILLOIS.

Nous juerons à l'galoche!...
Je n'crains point l'pus malin!

LE PARISIEN.

On n'est pas anicroche,
Quand on r'vient de Pantin (*)

ENSEMBLE.

Dri, dri dri, etc.

LE LILLOIS.

Acout' min comarade,
Mi j' n' ju' qu'in *buquant*,
Te jûras l' *friolade*,
La *plate* et *l'attiquant*.

ENSEMBLE.

Dri, dri dri, etc.

LE PARISIEN.

Nous remplirons nos poches
D' l'argent qu' nous gagnerons.
Si tu n' fais pas d' brioches,
Ce soir nous en mang'rons.

ENSEMBLE

Dri, dri dri, etc.

LE LILLOIS.

S'i t'arrive eune affaire,
Pou' t' prouver m'n amitié,
Te verras min p'tit frère,
Comm' je r'pass' des croch'-pié.

ENSEMBLE.

Dri, dri dri dri, etc.

(*) Paris.

LE PARISIEN.

Moi d' mêm', si l'on t'insulte,
Qu'on ait cent fois raison,
On verra c' qui résulte
De la boxe et et du chausson !

ENSEMBLE.

Dri, dri dri, etc.

LE PARISIEN.

Et si le sort des armes
Nous trahit quéq' matin,
Pour essuyer tes larmes
Je t' prêt'rai mon *blavin*. (*)

ENSEMBLE.

LE LILLOIS.

Parton' à la badine,

LE PARISIEN.

Et la main dans la main.
Si quelqu'un s'en chagrine....

LE LILLOIS.

J' li donne un gros *rojin*. (**)

ENSEMBLE.

Refrain.

LE PARISIEN.	LE LILLOIS.
Dri, dri, dri, deri deri !	Dri, dri, dri, deri, deri !
Plus d' lutte,	Pus d' lutte,
Plus d dispute;	Pus d' dispute;
Dri, dri, dri,	Dri, dri, dri,
Soyons amis	Soyon' amis
Comm' deux gamins d' Paris.	Comm' deux garchons d' Paris

(*) Mouchoir.
(**) Un soufflet.

L' ROI DES PERRUQUERS.

Air nouveau de l'auteur.

(Noté. — N° 15.)

A Lille, établi Perruquer,
Je n' trouvos point même eun' pratique,
Heureus'mint qu' par eun' bonn' rubrique
J'ai su l' moyen d' m'in procurer.
J'ai fait coller des grand's affiches,
Avec des lett's d'un pouce d' long,
Alors, les malins, les godiches,
Tout l' monde a vu cha d'vant s' mason.

« Accourez!!!
Quand vous s'rez
Bien rasés,
Bien frisés,
Pommadés,
Vous direz :
V'là vraimint l' Roi des Perruquers. » *(Bis.)*

Grâce à mes rasos, mes cijeaux,
Comme on dit, *j'imbellis l' nature.* (*)
Ainsi, soyez laids, sans tournure,
In sortant d' mes mains vous s'rez biaux.
Si vous imployez mes perruques,
Min cosmétique, et mes toupets,
A quarante ans, soyez caduques,
Vous pass'rez pour des marmouzets.

    Accourez !!!
    Quand vous s'rez
    Bien rasés,
    Bien frisés,
    Pommadés,
    Vous direz :
V'là vraimint l' Roi des Perruquers. *(Bis.)*

On parle d' mi, même à Paris,
J'étos là réputé *fin' lame*,
Puisqu'un journal, sans qu'je l' réclame,
M'a nommé : *Vainqueur des épis!*
Un épi, vous l' savez peut-ête,
Ch'est eun' brell' de ch'veux qui tient rot,
Et l' perruquer qui s'in rind l' maîte,
Peut s' vanter d'ête un homme adrot.

(*) On lisait autrefois assez souvent cette phrase à la devanture des boutiques de perruquier : *Ici l'art embellit la nature.*

Accourez !!!
Quand vous s'rez
Bien rasés,
Bien frisés,
Pommadés,
Vous direz :
V'là vraimint l' Roi des Perruquers. *(Bis.)*

Aussi j'espèr' bien qu'un biau jour,
Quand on parlera de m'boutique,
On dira : Ch'est là qu'on pratique
Tout l' secret d' faire durer l'amour !
Accourez, vieux célibataire,
Viell' fille, amoureuse un p'tit peu,
Souv'nez-vous qu' pour plaire, u déplaire,
Cha n' tient qu'à l'épaisseur d'un ch'veu.

Accourez !!!
Quand vous s'rez
Bien rasés,
Bien frisés,
Pommadés,
Vous direz :
V'là vraimint l' Roi des Perruquers. *(Bis.)*

On peut sout'nir à volonté,
Qu'un perruquer ch'est eun' gazette.
Un aut' trouv'rot cha malhonnête,

Mi, j' réponds : Ch'est la vérité.
Dir' je n' sais point les nouvelles
Arrivé's fraich'mint dins l' quartier,
Ch'est dir' qu'i n'y-a point d' viell's semelles
Au fond de l' boutiqu' d'un chav'tier.

   Accourez!!!
   Quand vous s'rez
   Bien rasés,
   Bien frisés,
   Pommadés,
   Vous direz :
V'là vraimint l' Roi des Perruquers. *(Bis.)*

Pernez cha pour échantillon :
N'y-ara d'main dins no' voisinache,
A l'occasion d'un biau mariache,
Un vacarme, un vrai carillon.
Car on dit que l' mariant, sot gille,
Va mette à sin nom, ch'est conv'nu,
Un gros garchon, eun' petit' fille,
Pour rimplacher l' père inconnu.

   Accourez!!!
   Quand vous s'rez
   Bien rasés,
   Bien frisés,
   Pommadés,
   Vous direz :
V'là vraimint l' Roi des Perruquers. *(Bis.)*

Infin, mes gins, grâce à ch' biau tour,
J' fais la barbe à pus d'un confrère,
Pour êt' rasé de m' main légère,
On fait queu' tout du long du jour.
Quand j' leu-z-ai raconté m'n histoire,
Et rafistolé tous mes gins,
J' leu dis : Faut fair' comme à la foire,
Dite' à vos amis, vos parints :

   Accourez ! ! !
   Quand vous s'rez
   Bien rasés,
   Bien frisés,
   Pommadés,
   Vous direz ;
V'là vraimint l' Roi des Perruquers. *(Bis.)*

VIVENT LES LILLOS.

Air : Mon Galoubet.

   Viv' les Lillos ! *(bis)*
Ch'est incore eun' canchon à faire,
Et j' m'in vodros si j' l'obliros.
Car vous m'invoiris fair' lanlaire,
Si je n' cantos point pour vous plaire :
   Viv' les Lillos ! *(4 fois)*.

   Viv' les Lillos !
J'ai, dins les biaux jours de m' jeunesse,
Broutté min corps dins chint indrots.
Au risque d' manquer d' politesse,
Dins chés pays j' dijos sans cesse :
   Viv' les Lillos ! *(4 fois.)*

Viv' les Lillos!
Pour fair' vir à des jeun's fillettes,
Qu'on a tort de dir' qu'i sont frods;
Afin d'attraper les drouillettes,
Leu fair', pour cadeau, des leunettes...
  Viv' les Lillos! *(4 fois.)*

Viv' les Lillos!
Pour avoir in tout des principes :
Savoir compter su' l' bout des dogts;
Faut' de poulets, mainger des tripes;
Et mêm', pour culotter des pipes,
  Viv' les Lillos! *(4 fois.)*

Viv' les Lillos!
Quand on a bombardé leu ville,
N'aïant qu' des calonniers bourgeos,
Il' ont tant fait, d' fil in aiwille,
Qu' les bombardeu' ont r'chu leu pile!..
  Viv' les Lillos! *(4 fois.)*

Viv' les Lillos !
Mais v'là-t-i point qu' Mari'-Charlotte,
M' dit d' parler des Lilloisse', eun' fos.

J' l'intinds comm' cha, car Jeann'-Maillotte
A fait crier tout comme un aute :
    Viv' les Lillos ! *(4 fois.)*

    Viv' les Lillos !
Mais j' cros qu'il est temps que j' m'arrête
J'in diros bien puq' si volos !
J' lis dins vos yeux, comm' su' m' crojette,
Qu'i n' faut point qu'un Lillos répète :
    Viv' les Lillos ! *(4 fois.)*

MAD'LEINE

ou

L' VIEUX RINTIER AMOUREUX.

Air nouveau de l'auteur.

(Noté. — N° 16.)

Un vieux rintier à tarteinne,
Est amoureux comme un cat,
D'eun' fill' qu'on appell' Mad'leine,
Que s'n homme à v'nir est soldat.
Comme i sait qu' ch'est eun fill' sache,
(Tout l' monde est d'accord là-d'sus),
Il l'a d'mandée in mariache,
In li dijant : « J'ai d's écus. »

« Et vous s'rez, Mad'leine,
Min cœur! min chouchou!
Heureuss' comme eun' reine,
Quand vous s'rez m' catou! »

« J'ai tros biaux chints écus d' rinte ;
Des meuble' in veux-tu ? in v'là !
N'y-in a tell'mint dins m' soupinte
Qu'on n'y plach'rot pu' un plat.
J'ai, car j'aime l' norriture,
Eun' cav' pleine d' provisions :
Lard, angnons, puns-d'-tierr', pain, burre,
Haricot' et cornichons. »

« Ah ! vous s'rez, Mad'leine,
Min cœur ! min chouchou !
Heureuss' comme eun' reine,
Quand vous s'rez m' catou ! »

« A min lit j'ai des gourdaines,
Deux orillers gros comm' cha,
Des payass', qui sont tout' pleines
D' mousset et d' pall' de coza ;
Un fameux mat'las d' pur' laine
Et chin qu'i faut pou' s' couvrir,
Nous s'rons là si bien, m' méquaine,
Qu' nous n' pins'rons poin' à dormir. »

« Ah ! vous s'rez, Mad'leine,
Min cœur ! min chouchou !
Heureuss' comme eun' reine,
Quand vous s'rez m' catou ! »

« J'acat'rai pour vo' toilette
Les séquois les pus brillants :
Eun' cain' d'or *à la Jeannette*,
Des blouq's, des bague' et pindants.
Vous s'rez, min p'tit quin, j' vous jure,
Avec des rubans, des fleurs,
Biell', comm' chés femme' in gravure
Qu'on vo' à l' mout' des tailleurs. »

« Ah! vous s'rez Mad'leine,
Min cœur! min chouchou!
Heureuss' comm' eun' reine,
Quand vous s'rez m' catou! »

« Vous n'arez pou' m' satisfaire,
Qu'à m'aimer un p'tit morciau.
Vous invoirez fair' lanlaire,
Les soupirs d'un galuriau.
Mais, j'ai réglé cha d'avanche,
Pour n'avoir point d' tentation,
Au lieu d' pourmener l' dimanche,
Nous rest'ron' à no' mason. »

« Ah! vous s'rez, Mad'leine,
Min cœur, min chouchou!
Heureuss' comm' eun' reine,
Quand vous s'rez m' catou! »

« Des gins vous diront sans cesse,
Que j' sus vieux, et qu' je n' peux pus
Faire l' bonheur d'eun' jeunesse,
Malgré mes gros sas d'écus.
Un bon moyen d' les fair' taire,
Ch'est d' leu dir' : « Vous êt's des sots !
Vous d'vez savoir qu'on peut faire
De l' bonn' soup' dins les vieux pots!... »

« Ah ! vous s'rez, Mad'leine,
Min cœur ! min chouchou !
Heureuss' comme eunn' reine,
Quand vous s'rez m' catou. »

Après cheull' longu' déclarure,
L' vieux rintier tout essoufflé,
Est pris d'eun' touss', qui li dure
D'puis qu' *Saint-Étienne* a brûlé ! (*)
Allez donc parler d' mariache,
In toussant comme un soufflet !...
Aussi Mad'lein', tout in rache,
Déblouque ainsi sin cap'let :

« Laichez là Mad'leine,
Ell' s'ra, quoiq' sans l' sou,
Heureuss' comme eun' reine
Avec sin pioupiou. »

(*) C'est-à-dire depuis 1792.

LES ARCHERS DU SOLEIL-LEVANT.

Air du Lundi de Pâques.

(Noté dans le 1ᵉʳ volume, édition Danel, 1865.)

   Jeun's garchons,
   Vieux lurons,
  Gra'-mère' et jeun's filles,
  Intré' in passant
Boire eun' pinte au Solel-Levant;
   Vous n'in s'rez
   Point fâchés,
  Car là, des bons drilles,
  Par leus drôl's de tours,
Vous donn'ront de l' joi' pour huit jours!

Allé' à Rochin, à Fache,
A Mons-in-Barœul, à Marcq,
Vous n' trouv'rez point du riache,
Comme avec chés jueux d'arc.

Vos yeux, par leus couyonnades,
Fraiquiront pus d'un moucho.
   In veyant leus parades,
   Vous pins'ré' à Zozo! (*)

      Jeun's garchons, etc.

L'un fait l' Général Tom-Pouce,
Pour canter l' canchon d' Malbrouck,
I s' coiff' d'eun' viell' perruq' rousse,
Et port' l'habit d'un Kalmouck;
A croucrou i s' tient su' l' table,
Pour avoir l'air d'un p'tit nain....
   Et d'un ton lamintable,
   I cant' comme un tarin.

      Jeun's garchons, etc.

Ch'est à qui f'ra sin p'tit rôle :
Su' l' temps qu'on cante eun' canchon,
L'un buq' sur eun' viell' cass'role.
L'aut' ju' du fif', du violon;
Sus l' gross'-caisse, avec eun' trique,
Pus d'un tape à tour de bras.
   On dirot l' biell' musique
   Qu'on fait dins l's opéras!

      Jeun's garchons, etc.

(*) Acrobate dont le nom est resté populaire à Lille.

Mais tout chin que j' viens d' vous dire
Près du reste, ch' n'est mi' rien,
Car i sont, ch'est point pour rire,
Les soutiens d' Saint-Sébastien.
Il' ont pus d'eun' récompinse
Pour prouver qu'i sont adrots ...
  Si j' deviens seul'mint prince,
  Mi, j' leu-z-in donn'rai tros.

   Jeun's garchons, etc.

Aussi, dins les fiêtes d' Lille,
Quand Phinart est pourmené;
Quand Lydéric, joyeux drille,
Hors de l'Abattoir met l' né;
Vous les veyez côte-à-côte,
Costumés comm' des marins,
  Trincballer Jeann'-Maillotte,
  Et leus arcs dins leus mains.

   Jeun's garchons, etc.

Infin, quand arriv' leu fiête,
(Du réguelmint ch'est eun' loi),
Ch'ti qui met s' flêche à l' broquette,
Pour un an, est nommé *l' Roi*.
Mais chin qui n'y-a bien pus drôle,
Ch'est d' faire un *Roi des soulots*,

Qui dot, juant sin rôle,
Boire au moins vingt d' mi-lots.

Jeun's garchons,
Vieux lurons,
Gra'-mère' et jeun's filles,
Intré' in passant,
Boire eun' pinte au Solel-Levant;
Vous n'in s'rez,
Point fâchés,
Car là, des bons drilles,
Par leus drôl's de tours,
Vous donn'ront de l' joi' pour huit jours!

———

LE MOUCHOIR.

Chansonnette extraite de l'album SOUS LES SAULES.

50 MORCEAUX

Publiés hebdomadairement en 1854 et 1855 par MM. Casimir Faucompré et Desrousseaux.

(Noté. — N° 17.)

Petit mouchoir, qui sous ma tête
Avez à ma requête
Cette nuit reposé,
Ah! comme je vous ai fait fête!
Que de fois je vous ai baisé!

O gentil mouchoir, garni de dentelles,
Mouchoir chiffonné par ses doigts charmants,
Que je vous préfère à ces bagatelles :
Bracelets d'or fin, perles, diamants.
Petit mouchoir, qui sous ma tête
Avez à ma requête
Cette nuit reposé,
Ah! comme je vous ai fait fête!
Que de fois je vous ai baisé!

Lorsque vous jouez autour de sa bouche,
Quand vous effleurez ses doigts si jolis!

Ah ! que je voudrais me changer en mouche
Pour m'aller nicher dans un de vos plis.
    Petit mouchoir, qui sous ma tête
        Avez à ma requête
        Cette nuit reposé,
    Ah ! comme je vous ai fait fête !
    Que de fois je vous ai baisé !

De vous agiter quand sa main se lasse,
Elle vous suspend auprès de son cœur :
Pour un front d'amant quelle douce place !
Et que l'on y doit goûter de bonheur !
    Petit mouchoir, qui sous ma tête
        Avez à ma requête
        Cette nuit reposé,
    Ah ! comme je vous ai fait fête !
    Que de fois je vous ai baisé !

Tissu précieux, blanc comme la neige,
Où l'on étouffa peut-être un aveu,
Sur sa bouche humide, ah ! quand poserai-je,
Mouchoir, à leur tour, mes lèvres en feu !
    Petit mouchoir, qui sous ma tête
        Avez à ma requête
        Cette nuit reposé,
    Ah ! comme je vous ai fait fête !
    Que de fois je vous ai baisé !

L' MOUCHO D' LIQUETTE.

PARAPHRASE DE LA PRÉCÉDENTE.

Même air.

Biau p'tit moucho, moucho d' Liquette,
    Qui d'puis tros nuits, su' m' tiête,
    Sers de bonnet d' coton,
Quoiq' te n' sos qu'eun' méchant' loquette,
On n' t'arot point pour un bon gambon.

Ah! biau p'tit moucho, qui n'as point d' bordure,
Moucho tout kerchi, par ses dogts si blancs,
Va j' t'aim' gramint mieux que ch' biau tas d'ordure:
Caîne d' similor, bague et longs pindants.
    Biau p'tit moucho, moucho d' Liquette,
        Qui d'puis tros nuits, su' m' tiête,
        Sers de bonnet d' coton,
    Quoiq' te n' sos qu'eun' méchant' loquette,
    On n' t'arot point pour un bon gambon.

Quand j' vos qu'ell' te met su' sin nez, su' s' bouque,
Et qu'ell' te tortill' dins ses biaux p'tits dogts,
Si j' povos m' canger in puche, in p'tit' mouque,
Dins les plis qu' te fais, bien sûr je m' much'ros.
  Biau p'tit moucho, moucho d' Liquette,
    Qui d'puis tros nuits, su' m' tiête,
    Sers de bonnet d' coton,
  Quoiq' te n'sos qu'eun' méchant' loquette,
  On n' t'arot point pour un bon gambon.

Quand t'as fonctionné, ell' te fourr' dins l' poche
De s' bai' d' cazinette, u de s'n écourcheux.
Alors mi je m' dis comm' cha dins m' caboche :
Queull' bonn' petit' plach' pour un amoureux !
  Biau p'tit moucho, moucho d' Liquette,
    Qui d'puis tros nuits, su' m' tiête,
    Sers de bonnet d' coton.
  Quoiq' te n' sos qu'eun' méchant' loquette,
  On n' t'arot point pour un bon gambon.

Ah ! biau p'tit moucho, couleur pain n'épices,
Ell' t'a peut-êt' dit qu'ell' m'aim'ra d'amour....
Si je n'n étos sûr, malgré qu' t'es plein d' prisses,
Va j' te bajot'ros pus d' vingt fos par jour !
  Biau p'tit moucho, moucho d' Liquette,
    Qui d'puis tros nuits, su' m' tiête,
    Sers de bonnet d' coton,
  Quoiq' te n' sos qu'eun' méchant' loquette,
  On n't'arot point pour un bon gambon.

CÉSAR FIQUEUX

ou

L'GASCONNEUX.

Air nouveau de l'auteur.

(Noté. — N° 18.)

César Fiqueux m' d'mandée in mariache,
Et je n' sais point si j' dos li dire : awi.
Car, à Paris, il a fai' un voyache,
Et d'puis ch' temps-là i n' parle pus comm' mi.
Des biaux monsieux, il imite l' langache,
  Il a tant d'esprit
Qu' je n' comprinds pu rien d' chin qu'i dit !
 Mon Dieu ! qu' ch'est einnuyeux,
  Un amoureux
  Qui s' gasconne !
 Et je n' connos personne
  Pus gasconneux
  Qu' César Fiqueux !

Pour équeumette, i prononce *écumoire ;*
I dit *pigeon*, in parlant d'un coulon ;
Mais, bien pus fort, *averse* au lieu d' daquoire ;
Pour li, *moineau*, ch'est chin qu' j'appell' mouchon ;
Infin *glissoire*, au lieu d' dégrioloire,
        Frasoir, pour fraso,
    Comme aussi *rasoir* pour raso !!
          Mon Dieu ! qu' ch'est einnuyeux,
            Un amoureux
            Qui s' gasconne !
          Et je n' connos personne
            Pus gasconneux
            Qu' César Fiqueux !

Ch'est comme incor, mais cha ch'est par trop biête,
I dit qu'*étui* ch'est l' français d' cafotin !
N' prétind-i point qu'i faut dire : *un' chauff'rette*,
Au lieu d' vaclette, et *braisette* pour cotin ?
Il est queq'fos même assez malhonnête,
        N' se permet-i point
    D' traiter min canarien de *s'rin !!*
          Mon Dieu ! qu' ch'est einnuyeux,
            Un amoureux
            Qui s' gasconne !
          Et je n' connos personne
            Pus gasconneux
            Qu' César Fiqueux !

lieu d' m'app'ler tout simplemint Liquette,
uisqu' ch'est l' nom qu' m'a donné min parrain,
I m' dit : *Mon chat, mon bijou, ma bichette,*
Et bien d'aut's noms, car il in sait qu'à d'main.
Mi, su' ch' temps-là, j' dis tout bas: « Queull' femm'lette
   I m'a l'air pus flo
  Qu'eun' tasse d' méchant cacao ! »
   Mon Dieu ! qu' ch'est einnuyeux,
    Un amoureux
   Qui s' gasconne !
  Et je n' connos personne
    Pus gasconneux
   Qu' César Fiqueux !

De m'n A, B, C, je n' sais que l' premièr' lette,
Mais, malgré cha, je m' cros pus futé' qu' li.
J' li d'mande eun' fos, si l' biau mot : Portelette,
Peut s'expliquer dins sin sot paroli.
I m'a dit : *Non.* J'ai répondu tout nette :
  « Vous n'êt's point malin,
 Portelett' ch'est l' sœur d'Agrippin. »
   Mon Dieu ! qu' ch'est einnuyeux,
    Un amoureux
   Qui s' gasconne !
  Et je n' connos personne
    Pus gasconneux
   Qu' César Fiqueux !

Ch' mot d'agrippin cha l' l'a fait rire à glafe,
Pus d'un quart d'heur', sans povoir in r'venir.
Il m'a sout'nu qu'i faut dire : *une agrafe !*
Mi, veyant cha, j'ai dit pour in finir :
« Ta' mieux pour vous d'êt' fort su' l'ostographe,
   Mai' in attindant
  Cha n' vous rind point bien amusant ! »
    Mon Dieu ! qu' ch'est einnuyenx,
     Un amoureux
     Qui s' gasconne !
    Et je n' connos personne
     Pus gasconneux
     Qu' César Fiqueux !

Décidémint j' vas li donner ses mouffes,
J' veux d'un luron qui parle bien platiau.
Tant pir' pour li, i tach'ra d' fair' ses fouffes
Près des mamzell's, par sin parlé si biau.
I m'a donné, d' ses ch'veux frisés, tros touffes,
   Dès d'main j' li rindrai,
  Et tout in l' graingnant, j' li dirai :
    « Mon Dieu ! qu' ch'est einnuyeux
     Un amoureux
     Qui s' gasconne !
    Et je n' connos personne
     Pus gasconneux
     Qu' César Fiqueux ! »

LETTRE DE POPOLD

Soldat de l'armée d Orient

A MARIE-CLAIRE

Air du Carnaval (même volume).

Sitot que l' petit' Mari-Claire
A su que s'n amoureux Popold,
Soldat dins l' caval'ri' légère,
Étot parti pour Bastopol,
Tout brayant, elle a vit' fait faire
Eun' lett' pour consoler ch' gadru.
Qui n'avot point, li, l'einvi' d' braire,
Ch'est pour cha qu'il a répondu :

« Au bruit des fusils, des canons, ⎫
    Nous rigolons   ⎬ *Bis.*
  Et nous cantons. » ⎭

« J' profit' de l' main d'un vieux trompette,
Un gaillard fort bien éduqué,
Afin d' réponde à t' dernièr' lette,
Qu'on m'a r'mis sitôt débarqué.
J' te dirai d'abord, Mari'-Claire :
Te t' délaminte inutil'mint,
Car pour des homm's qui faitt'nt la guerre,
Nous n' somm's vraimint point trop maj'mint.

 « Au bruit des fusils, des canons,
   Nous rigolons
  Et nous cantons. »

« Te l' sais comm' mi, ch'est point des crques,
Nous avons r'chu pour l' nouviel an,
Des cigar's, du toubac, des blaques,
D' quoi nous donner d's airs de sultan.
Pourtant quand j'alleume eun' pipette,
Souvint j' sins min cœur s'attrister,
In pinsant qu' si j'avos t' vaclette,
Ell' m'aidrot bien à l' culotter.

 « Au bruit des fusils, des canons,
   Nous rigolons
  Et nous cantons. »

« On t'a peut-êt' dit que l' frodure
Nous a raidis comme un bâton :

Pour mi j' n'ai point même eu d' l'eing'lure,
Car j'ai réqueu eun' piau d' mouton. (*)
Affublé d' cheull' drôl' de capotte,
Si te m' voyos par un p'tit tro
Te riro, à t' casser eun' côte,
Tell'mint qu' tin p'tit Popold est biau.

  « Au bruit des fusils, des canons,
        Nous rigolons
      Et nous cantons. »

« A ch't heur' nous savons bien qu' les Russes
N' sont point si diables qu'i sont noirs,
Chaqu' nuit, nous leu faijons des russes,
Quand on sait qui dort'nt comm' des loirs.
Nous f'rons vir à chés vilains merles,
Qu' puisque l' sort nous a fait soldats,
Ch'est point pour infiler des perles,
Ni s' pavaner sur des dadas.

  « Au bruit des fusils, des canons,
        Nous rigolons
      Et nous cantons. »

« D' min régimint l' maît' de musique,
Te l' sais déjà, ch'est un Lillos.
Il aim' les Russ's comme un cop d' trique,

(*) On se rappellera sans doute qu'au moment de la guerre de Crimée des souscriptions ont eu lieu à l'effet d'envoyer à nos soldats du tabac, des cigares, des blagues, des vêtements et même des peaux de moutons pour les gerantir du froid.

Aussi ch' bon fieu m'a dit l'aut' fos :
J' fais sermint de n' jamais pus boire,
Tiens ! si vrai qu' te t'appell' Popold,
Si je n' ju' point *l' Canchon-Dormoire*,
Quand nous f'rons brond'ler Bastopol.

   « Au bruit des fusils, des canons,
        Nous rigolons
         Et nous cantons. »

« Ainsi fillette, i n' faut point braire,
Un biau jour, Bastopol s'ra pris ;
Mi j'arai min congé, j'espère,
Et j' rabroutt'rai vite au pays.
Mais j' n'arai peut-êt' pus qu'eun' gambe,
Eh ! mon Dieu ! nous s'in consol'rons....
Si, pour mi, tin cœur toudis flambe,
Huit jour' après nous s' marirons.

   » Au bruit du fife et des violons,   ⎫
        Nous rigol'rons   ⎬ *Bis.*
         Et nous dans'rons. »   ⎭

                                    Mars 1855.

UNE PROMENADE EN BATEAU.

ALLER.

Air : C'est le Roi Dagobert.

Un dimanche au matin
Mad'lon m' dit comm' cha : « Min Gustin,
    Pour bien nous amuser,
Quoi-ch' que nous f'rons l'après-deinner ?... »
    J' réponds d'un bon cœur,
    Hélas ! par malheur :
    « Eun' parti' d' batiau,
    Cha s'rot du nouviau ?... »

    Mon Dieu, queu déplaisi   ⎫
Qu' m'a donn cheull' parti' d' plaisi ! ⎬ *Bis.*

Su' les tros heur's sonnant
Nous arrivon' au *Grand-Tournant*.
J' loue l' batiau appélé,
J' cros bien, *Robinson-Crusoé*.
L'èchellière m' dit :
« V'là l' barquett', min p'tit,
Mais te sais qu'avant,
Faut du répondant ?... »

Mon Dieu que déplaisi
Qu' m'a donné cheull' parti' d' plaisi !

J' li donn' tout aussitôt,
Min biau capiau et min tricot.
Comm' ch'étot poin' assez,
Mad'lon donn' ses pindants dorés.
Nous v'là dins ch' batiau,
Comme i pernot l'iau,
Malgré mes sorlets
J'ai pri' un bain d' pieds !...

Mon Dieu, queu déplaisi
Qu' m'a donné cheull' parti' d' plaisi !

Mad'lon, au gouvernal,
Étot pus fièr' qu'un amiral ;
Mi, tell'mint que j' ramos,
J' suos des goutt's comm' des p'tits pos.

Su' l' bord, des nageux
S' présint'nt à nos yeux,
Comm' l' père Adam,
Sans qu'mich' ni caban !...

Mon Dieu, queu déplaisi
Qu' m'a donné cheull' parti d' plaisi !

Veyant chés salopins,
Aussitôt Mad'lon prind ses mains
Pour mucher ses gros yeux.
Jusqu'à là cha va pour le mieux.
Vl'à-t-i point que j' vos,
Qu' écartant ses dogts,
Ses yeux tout ouverts,
Vettiott'nt à travers !!

Mon Dieu, queu déplaisi
Qu' m'a donné cheull' parti' d' plaisi !

A *L' Bonn'-Friture*, infin,
Nous arrivons. Comme j'avos faim,
J' demande au cabar'tier
D' nous servir un bon p'tit r'chenner.
L' cabar'tier m' répond :
« I n'y-a pus d' pichon,
Si ch' n'est qu' des saurets
Et d's hérings salés ! »

Mon Dieu, queu deplaisi
Qu' m'a donné cheull' parti d' plaisi!

Drôl' de fritur' que v'là !
Faut' de mieux j' li prind chin qu'il a.
   A table nous s' plachons,
Et tros *gendarmes* nous maingeons.
   Bétot, dégoûté,
   Vit' j'ai tout r'jété
   Dins l' bac à carbon,
   Tell'mint qu' ch'étot bon !...

Mon Dieu, queu déplaisi
Qu' m'a donné cheull' parti' d' plaisi !

Puisque l' mainger n' vaut rien,
Nous d'mandons, pour nous fair' du bien,
   Eun' tass' d' bon café.
Je l' goûte aussitôt qu'il est fait.
   J' dis : Ch'est du berliau !
   J' pari' qu'un pourchau
   Aim'rot bien mieux qu' cha
   L' séquoi qu'on d'vin'ra !

Mon Dieu, queu déplaisi
Qu' m'a donné cheull' parti' d' plaisi !

Alors... mais j'm'arrêt' là,
Car min pauv' gosier crie : Holà !
Il est rouillé, pourtant
Min récit n'est fait qu'à mitan.
Si l' bon jus d'houblon
Peut me r'mett' d'aplomb
J' vous dirai l' restant.
Cha s'ra désolant !

Mon Dieu, que déplaisi
Qu'ina donné cheull' parti' d' plaisi !

UNE PROMENADE EN BATEAU.

RETOUR.

(Après avoir pris plusieurs verres de bière, le narrateur continue sur le même air.)

Puisqu'i vous paraît biau,
L' récit d' l' promenade in batiau
Qu' j'ai fait l'été passé
Faut m' dire uch' que j'in sus resté.
Et j' vous dirai tout,
Malgré qu' min sang boût,
Que j' vienn' bleu et blanc
Rien qu'in y pinsant.

Mon Dieu, que déplaisi } *Bis.*
Qu' m'a donné cheull' parti' d' plaisi !

J' vous ai dit que l' caf'tiau
Qu'on m'a servi, n'étot que d' l'iau,
Et que l' pichon salé,
on de m' rimplir, m'a déblavé.
Chés méchants craq'lots,
M'ont fait boir' tros lots
D' bière à neuf sous l' pot,
Vrai' pichat' de coq !..

Mon Dieu, que déplaisi
u' m'a donné cheull' parti' d' plaisi !

Comme l' soir arrivot,
J' crie au cabar'tier qui dormot :
Combien-ch' que nous vous d'vons ?
I s' révelle et m' dit : Quarant' ronds !
J' tasse autour d' mi,
J' n'ai qu' trint' sou et d'mi.
J' li dis m' position...
I m' traite d' fripon !

Mon Dieu, queu déplaisi
Qu' m'a donné cheull' parti' d' plaisi !

Point contint de ch' gros mot,
I m' traite d' rongneux, d' saligot ;
Malgré qu' je n' réponds point,
I m' donn' su' l' tiête un grand cop d' poing.

Alors pus d' pitié,
J'allonge un cop d' pié,
Qui rétind ch' gaspiau
Par tierr' comme un viau !...

Mon Dieu, queu déplaisi
Qu' m'a donné cheull' parti' d' plaisi !

L' garde-champête accourt,
Et, pa' l' collet m'attrap' tout court,
Malgré les cris d' Mad'lon
veut m' suiv' jusqu'à dins l' *violon*.
L' gard' l'intind comm' cha,
Mais quand nous somm's là,
Nous veyons seul'mint
Qu' ch'est séparémint !...

Mon Dieu, que déplaisi
Qu' m'a donné cheull' parti' d' plaisi !

Heureus'mint qu'i n'y-avot
Qu'eun' planquett' qui nous séparot.
Avec min grand coutiau
J'aï fait sans trop d' peine un p'tit tro.
Si bien qu' jusqu'au jour,
J'ai parlé d'amour...
Hélas ! des jeun's gins
N' sont jamais contints !

Mon Dieu, que déplaisi
Qu' m'a donné cheull' parti' d' plaisi !

L' jour étan' arrivé,
Libre' infin nous v'là su' l' pavé.
　Nous n' trouvons pus l' batiau
Qu' j'avos loyé à-n-un potiau...
　　Veyant cha, Mad'lon,
　　M' dit : « S'il est au fond,
　　L'achellièr' vard'ra
　　L' répondant qu'elle a ! »

Mon Dieu, queu déplaisi
Qu' m'a donné cheull' parti' d' plaisi !

Approuvant cheull' raison
Et d' crainte d' rintrer au prijon,
　Sans fair' pus d'imbarras,
Qu'à Lill' nous courons comm' des q'vas.
　　Dins l' ru' du Dragon
　　V'là l' mèr' de Mad'lon,
　　Qui donne à s'n infant
　　Un fier pousse-avant !

Mon Dieu, queu déplaisi
Qu' m'a donné cheull' parti' d' plaisi !

J' li dis : « Rappajez-vous !
Au lieu d' bougonner, plaingnez-nous,
Car hier des voleurs,
Des mordreurs, des assazineurs
Nous ont rinversés
Et dévalisés !...
Mad'lon, par bonheur,
Rapporte s'n honneur ! »

Mon Dieu, queu déplaisi
Qu' m'a donné cheull' parti' d' plaisi !

Grâce à cheull' bleusse, infin
L' bonn' mèr' pardonne à min p'tit quin,
Qui m' dit tout bas : « Vaurien,
J' pinsos point qu' te mintos si bien.
Mais t' parti' d' batiau,
N'avot rien d' si biau...
Quand nous y pins'rons
Souvint nous dirons :

Mon Dieu, queu déplaisi
Qu' nous a fait cheull' parti' d' plaisi ! »

TABLE.

	Pages
A mes Chansons. *Préface en forme de romance*	5
Amours du Diable (Les)	163
Aventure du Carnaval (Une)	51
Archers du Soleil-Levant (Les)	200
Bonnet de Coton (Le). — *Pasquille*	155
Broquelet d'Aujourd'hui (Le)	167
Cabaret (Le)	123
Canchon-Dormoire (L')	59
Canchon Thrinette et l'Imp'reur de Russie (L')	118
Carnaval (Le)	151
César Fiqueux, ou l' Gasconneux	208
Choisse et Thrinette. — *Pasquille*	70
Choisse et Thrinette. — *Scène à trois personnages*	86
Croq'soris, ou la Nouvelle Mère Michel	105
Curiosité (La) ou les Célébrités Lilloises	22
Deux Gamins (Les). — *Duo*	175
Ducasse Saint-Sauveur (La). — Voir *Heur et Malheur*	132
Fille à Gros-Philippe (L')	32
Garchon d'Hopita (L')	13
Garchon Girotte (L') à la soirée de M. Linski	35
Heur et Malheur ou l' Ducasse Saint-Sauveur	132
Histoire Amoureuse et guerrière d'un tambour	47
Jour de l'An (Le)	9

	Pages
Lettre de Popold, soldat de l'armée d'Orient.....	212
Liquette	158
Madeleine ou l' vieux Rintier amoureux.	196
Maflants (Les)	147
Manicour	100
Marchand de Macarons (Le).	55
Molin Duhamel (L')	43
Morale de Roger-Bontemps (La).	172
Moucho d' Liquette (L')	206
Mouchoir (Le).	204
Nicolas ou le Baiser volé	114
Nouvelle-Aventure (La)	29
Parrainage (Le) ou le Baptême du petit Marchand de lait	17
Petit Quinquin (Le). *Canchon dormoire*.	59
Prédictions de m'n Armena (Les).	109
Promenade en bateau (Une) — Aller.	216
Idem. — Retour	221
Roi des Perruquiers (Le)	188
Tables Tournantes (Les)	64
Vieille Dentellière (La).	127
Violette. — *Pasquille*.	136
Violette. — *Chanson*.	142
Vivent les Lillos	193

Lille-Imp. L. Danel.

A MES CHANSONS.

Préface en forme de romance.

N° 4 Air de Desrousseau.

Allegretto

En—fants d'u—ne fol—le mu—set—te qui tout en ri—ant vous cré—a, Puis—que vous quit—tez ma cham—bret—te. E—cou—tez l'a—vis que voi—là : Vou—lez vous ga—gner dans nos ru—es un peu de po—pu—la—ri—té. Il faut que vous soy—ez pour—vu—es d'un pas—se—port si—gné : gaî—té. Al—lez chan—sons par vos joy—eux sons, por—ter l'es—poir et l'al—lé—gres—se ; Soy—ez l'ef—froi de la tris—tes—se, Et du bon—heur l'An—ge pré—cur—seur.

Imp. de Boldoduc fr. à Lille

L'CANCHON-DORMOIRE.

N° 5

Air de Desrousseaux

Andantino

« Dors min p'tit quin—quin, min p'tit pou—chin, min gros ro—jin. Te m'f'ras du cha—grin, Si te n'dors point qu'à d'main. »

Ain—si, l'aut'jour eun'pauv' din—tel—liè—re,

In a—mi—clo—tant sin p'tit gar—chon

Qui, d'puis tros quarts d'heu—re, n'fai—sot qu'brai—re,

Ta—chot d'l'in—dor—mir par eun' can—chon.

Ell' li di—jot : Min Nar—cis—se,

D'main t'a—ras du pain n'é—pi—ce.

Du chuc à go—go, Si t'es sache et qu'te fais do—do.

MANICOUR.

N.º 6

Air de Desrousseaux

CROQSORIS.

LES PRÉDICTIONS.

N° 8

Air de Desrousseaux

LE CABARET.

VIOLETTE.

N° 11

Air de Desrousseaux

Le v'là! le v'là! L'pe-tit Vi-o-let-te, L'a-mou-reux d'Ro-set-te, Le v'là! Le v'là!

Ch'est bien li, vet-tiez, ch'est li-mê-me! Qu'il est brav', qu'il a l'air go-gu! I n'vient point comm' mars in ca-rê-me, Su' l'Ré-duit il est at-tin-du. A s'n hon-neur on f'ra huit jours de fiè-te; On bu-vra, On dans-ra, on cri-ra.

LE CARNAVAL

LES DEUX GAMINS

LETTRE DE POPOLD

N° 12

Air de Cadet-Roussel

Allegretto.

A Lill' nous avons des biell's fié-tes: Saint Ni-co-las pour les gar-chons; Saint' Cath'rin' pour les jeun's fil-let-tes, Saint E-loi pour les for-ge-rons. Pour tout l'mond nous a-vons l'Brad'-ri-e, Lun-di d'Pâqu', Sainte-Anne et l'Broq'-let, On y peut rir' tout à s'n'ein-vi-e, Quand on a d'quoi dins sin sa-

Bien décidé

-clet; Mais l'a-tan qui n'a point d'é-gal. ch'est l'car-ne-val! ch'est l'car-ne-val! Ah! l'a-tan qui n'a point d'é-gal, ch'est l'car-ne-val! Ch'est l'car-ne-val!

LE BROQUELET D'AUJOURD'HUI.

N.° 14   Air de Desrousseaux

Chaq' jour on in-tind dir' qu'i n'y a pus d'biell' fiête à Lil-le, Et même on pré-tind que l'Broq-let n'donn' pus d'a-mus'-mint. Mi, quand j'in-tinds cha, j'me r'mu' d'ins m'piau comme eune an-wil-le, Et j'leu dis: ah! ça! Quoi ch'que vous vo-lez dir' par la? Est-ch' qu'on n'y dans' pus? Est-ch' qu'on n'y cant' pus? Est-ch' qu'on n'y rit pus? Vey-ons, dit's chin qu'on n'y fait pus! Non non, tel qu'il est, l'Broq'let N'est point déjà si laid. Non non, tel qu'il est l'Broq-let n'est point d'jà si laid.

L'ROI DES PERRUQUERS.

N° 15

Air de Desrousseaux

MADELEINE.

ou le vieux rintier amoureux.

CÉSAR FIQUEUX.
ou l'Gasconneux.

Cé—sar Fi—queux m'a d'mandée in ma—
ria—che, Et je n'sais point si j'dos li dire a—
—toi. Car, à Pa—ris, il a fait un voy—
—a—che; Et d'puis ch'temps là i' n'par—le pus comm'
mi. Des biaux monsieur il i—mi—te l'lan—
—ga—che. Il a tant d'es—prit qu'je n'comprinds
pas rien d'chin qu'i dit! Mon Dieu! qu'ichest ein may—
—eux l'n a—mou—reux qui gas—con—ne; Et
je n'con—nos per—sonn' pus gascon qu'Cé—sar Fi—queux.

EN VENTE:

A LILLE, chez l'Auteur, rue Beauharnais, 48, et chez les principaux libraires.
A DOUAI, chez Lucien Crépin, rue de la Madeleine, 23.
A CAMBRAI, chez Simon, rue Saint-Martin, 18.
A VALENCIENNES, chez Lemaitre, rue du Quesnoy.
A PARIS, chez Baillieu, quai des Grands-Augustins, 43.
A TOURNAI, chez Lecomte-Bocquet.

CHANSONS ET PASQUILLES LILLOISES

Par DESROUSSEAUX.

4 volumes in-8°, avec les airs notés, à 2 fr. 50 c.

Chacun de ces volumes est divisé en livraisons qui se vendent séparément 15 centimes.

Le cinquième volume, *en cours de publication, se vend également par livraisons à 15 centimes.*

LIVRAISONS DU 2ᵉ VOLUME.

1ʳᵉ LIVRAISON.
Le Jour de l'An.
Le Garchon d'Hôpital.
Parainage.

2ᵉ LIVRAISON.
La Curiosité.
La Nouvelle-Aventure.
L'Fille à Gros-Philippe.

3ᵉ LIVRAISON.
L'Garchon Girotte à la soirée de M. Linski.
L'Molin Duhamel.

4ᵉ LIVRAISON.
Histoire Amoureuse et Guerrière d'un Tambour
Une Aventure de Carnaval.
L'Marchand d'Macaron.

5ᵉ LIVRAISON.
L'Canchon Dormoire (Petit Quinquin).
Les Tables Tournantes.

6ᵉ LIVRAISON.
Choisse et Thrinette, *pasquille*.

6ᵉ LIVRAISON bis.
Choisse et Thrinette ou le Prêt à la Petite Semaine, *petite comédie de mœurs*

7ᵉ LIVRAISON.
Manicour.
Croq Soris.

8ᵉ LIVRAISON.
Les Prédictions de m'n Armena.
Nicolas ou le Baiser volé.
L' Canchon Thrinette et l'Imp'reur de Russie.

9ᵉ LIVRAISON.
Le Cabaret.
La Vieille Dentellière.
L' Ducasse de St-Sauveur.

10ᵉ LIVRAISON.
Violette, *pasquille et chanson.*

11ᵉ LIVRAISON.
Les Maßants.
Le Carnaval.
Le Bonnet de coton, *pasquillette.*

12ᵉ LIVRAISON.
Liquette.
Les Amours du Diable.

13ᵉ LIVRAISON.
Le Broquelet d'aujourd'hui
La Morale de Roger Bontemps.

14ᵉ LIVRAISON.
Les Deux Gamins, *scène de mœurs enfantines.*

15ᵉ LIVRAISON.
L' Roi des Perruquers
Vivent les Lillos.

16ᵉ LIVRAISON.
Mad'leine ou l' Vieux Rintier Amoureux.
Les Archers du Soleil Levant.
Le Mouchoir.
L' Moucho d' Liquette.

17ᵉ LIVRAISON.
César Figueux.
Lettre de Popold.

18ᵉ LIVRAISON.
Une Promenade en Bateau (*Aller*).
Une Promenade en Bateau (*Retour*).

www.ingramcontent.com/pod-product-compliance
Lightning Source LLC
Chambersburg PA
CBHW070648170426
43200CB00010B/2163